*As sete palavras do
Cristo na cruz*

Dados Internacionais de Catalogação na Publicação (CIP)
(Câmara Brasileira do Livro, SP, Brasil)

Belarmino, Roberto São
　As sete palavras do Cristo na cruz / São Roberto Belarmino; tradução Adriano Aprigliano. – Petrópolis, RJ : Vozes, 2022. – (Série Clássicos da Espiritualidade)

Título original: De septem verbis a Christo in cruce prolatis
ISBN 978-65-5713-664-5

1. Jesus Cristo – Sete últimas palavras I. Título. II. Série.

22-115766　　　　　　　　　　　　　　　　　　CDD-232.9335

Índices para catálogo sistemático:
1. Sete últimas palavras: Jesus Cristo:
Cristianismo 232.9335

Eliete Marques da Silva – Bibliotecária – CRB-8/9380

São Roberto Belarmino

As sete palavras do Cristo na cruz

Tradução de Adriano Aprigliano

Petrópolis

Tradução realizada a partir do original em latim intitulado *De Septem verbis a Christo in cruce prolatis*

© desta tradução:
2022, Editora Vozes Ltda.
Rua Frei Luís, 100
25689-900 Petrópolis, RJ
www.vozes.com.br
Brasil

Todos os direitos reservados. Nenhuma parte desta obra poderá ser reproduzida ou transmitida por qualquer forma e/ou quaisquer meios (eletrônico ou mecânico, incluindo fotocópia e gravação) ou arquivada em qualquer sistema ou banco de dados sem permissão escrita da editora.

CONSELHO EDITORIAL

Diretor
Gilberto Gonçalves Garcia

Editores
Aline dos Santos Carneiro
Edrian Josué Pasini
Marilac Loraine Oleniki
Welder Lancieri Marchini

Conselheiros
Francisco Morás
Ludovico Garmus
Teobaldo Heidemann
Volney J. Berkenbrock

Secretário executivo
Leonardo A.R.T. dos Santos

Editoração: Maria da Conceição B. de Sousa
Diagramação: Sheilandre Desenv. Gráfico
Revisão gráfica: Nilton Braz da Rocha
Capa: Editora Vozes
Ilustração de capa: Lúcio Américo de Oliveira

ISBN 978-65-5713-664-5

Este livro foi composto e impresso pela Editora Vozes Ltda.

A venerável Congregação dos monges celestinos da Ordem de São Bento saúda o Cardeal Roberto Belarmino, protetor da mesma congregação.

* * *

Foi com toda sabedoria que o Abade Pinúfio, citado por Cassiano (*De coenobiorum institutis*, 4.34: *De institutis renuntiantium*), considerou que se devia comparar o monge perfeito ao Senhor Cristo crucificado. Pois as virtudes que no monge perfeito se mais requerem soem contar-se três: a pobreza, que exclui toda propriedade; a castidade, sempre livre dos carnais desejos; e a obediência, que de todo depende da vontade do prefeito; às quais, na Regra de São Bento, se costuma ajuntar a estabilidade do lugar. Mas se alguém quiser ver um exemplo de pobreza voluntária, dessa que chega a toda sorte de nudez e de penúria, que olhe para o Cristo crucificado, que assim como enquanto viveu não teve onde recostar a cabeça, também na morte as mesmas roupas, que eram o que só lhe restava, Ele as deu para dividir entre os crucificadores. E se desejar alguém olhar para um espelho da mortificação da carne, que guarde impoluta a castidade, há de encontrá-lo, sem dúvida, no Cristo crucificado, pois ocupava-o dor contínua desde a planta dos pés até o topo da cabeça. E se ainda buscar a imagem da perfeita obediência, algures não a verá mais clara do que nele, que "se fez obediente até a morte, a morte na cruz" (Fl 2,8); e não só a virtude da obediência, mas também suas inseparáveis companheiras, a paciência e a humildade e –

princípio dela e fim – o amor tão ardente e a perseverança até o fim em todas elas, as quais se mostram pela estabilidade, ele as enxergará no Cristo crucificado, como na ideia mais eminente de todas as virtudes. Portanto, é decerto o Cristo penso na cruz é o mais claro exemplo da perfeição monástica, e o monge perfeito representa com a máxima verdade o Senhor crucificado. Esta representação do Cristo crucificado, ou sua semelhança, São Pedro Celestino parece tê-la expressado sobretudo em vida, pois sua vida, desde quase a infância até a avançada velhice e a morte, não foi senão uma assídua meditação na cruz e uma perpétua imitação do crucificado. Para ilustrá-lo propriamente, uma cruz de ouro se viu pender no ar por milagre divino diante da porta do seu cubículo quando estava para morrer, de sexta-feira até a véspera do sábado, quando então muito feliz a Deus ele devolveu o seu espírito (Pedro d'Ailly. *Vita Sancti Petri Celestini*, 2.19). Essa cruz Pedro de Ailly, Cardeal de Cambrai, conta que foi contemplada com estupor, e a coisa toda, como sinal que era dos céus, foi mencionada no diploma mesmo de sua canonização. Como assim seja, parece-me que foi com justiça que tive de oferecer e sobretudo dedicar os meus livros sobre as sete palavras que disse o Cristo na cruz aos meus celestinos. Pois nesses livros tentei explicar as virtudes precípuas do crucificado que decerto a todos os fiéis são muito úteis, mas de todo necessárias àqueles que de desígnio próprio seguem a mortificação da cruz. Pois aqueles que se crucificaram com o Cristo na cruz e morreram para o mundo por meio da observância exterior das regras e, no entanto, carecem das virtudes de Cristo crucificado, sofrem com o ladrão infeliz a ignomínia e as dores, mas não obterão a glória e as recompensas, e "era melhor para eles", como diz São Pedro, "não ter conhecido a via da justiça [perfeita] do que, depois da agnição, ser feitos voltar atrás do que lhes fora transmitido por santo mandado" (2Pd 2,21). Por isso a todos os monges, sobretudo os meus celestinos, eu aconselho que, se quiserem ser o que por nome revelam, leiam assiduamente o livro da cruz do Cristo e o folheiem continuamente; e para que tenham um comentário claro e fiel para compreender os passos obscuros, leiam com frequência as vidas de São Pedro Celestino e de outros santos e se esforcem por completar com obras o que tiverem aprendido. Pois isso fará com que a cada dia a cruz mais se lhes mitigue e a imitação do crucificado assim se lhes tornará mais suave e amável, de modo que possam facilmente desdenhar os escribas e fariseus; isto é, os que clamam por carne e sangue e dizem: "Desce da cruz". Assim, outrora os discípulos de São Francisco, como ainda não tivessem os livros sagrados, como conta Boaventura (*Vita Sancti Francisci*, 4), folheavam dia e noite o livro da cruz do Cristo com olhar incessante, conforme o exemplo do Pai e as palavras do erudito que continuamente lhes fazia sermão sobre a cruz do Cristo. Aceitai, portanto, veneráveis padres, um pequeno regalo do vosso protetor, que será também depois da morte dele penhor do amor com que amou a vós todos de coração; e quis que sempre fôsseis herdeiros das virtudes de São Pedro Celestino e verdadeiros discípulos e imitadores do Cristo crucificado.

Sumário

Prefácio, 11

Livro primeiro – Das três primeiras palavras que disse Cristo na cruz, 17

Capítulo I – Explica-se literalmente a primeira palavra: "Pai, perdoa-os, pois não sabem o que fazem" (Lc 23,24), 19

Capítulo II – Do primeiro fruto da primeira palavra na cruz proferida, 26

Capítulo III – Do outro fruto da mesma primeira palavra que disse Cristo na cruz, 31

Capítulo IV – Explica-se literalmente a segunda palavra: "Amém eu te digo, hoje estarás comigo no Paraíso" (Lc 23,43), 37

Capítulo V – Do primeiro fruto da segunda palavra, 46

Capítulo VI – Do segundo fruto da segunda palavra, 49

Capítulo VII – Do terceiro fruto da segunda palavra, 52

Capítulo VIII – Explica-se à letra a terceira palavra: "Eis aí a tua mãe, eis aí o teu filho" (Jo 19,27), 59

Capítulo IX – Do primeiro fruto da terceira palavra, 63

Capítulo X – Do segundo fruto da terceira palavra, 66

Capítulo XI – Do terceiro fruto da terceira palavra, 69

Capítulo XII – Do quarto fruto da terceira palavra, 76

Livro segundo – Das demais palavras ditas na cruz, 81

Capítulo I – Explica-se à letra a quarta palavra: "Deus meu, Deus meu, por que me abandonaste?" (Mt 27,46), 83

Capítulo II – Do primeiro fruto da quarta palavra, 90

Capítulo III – Do segundo fruto da quarta palavra, 93

Capítulo IV – Do terceiro fruto da quarta palavra, 95

Capítulo V – Do quarto fruto da quarta palavra, 98

Capítulo VI – Do quinto fruto da quarta palavra, 103

Capítulo VII – Da quinta palavra, "Tenho sede" (Jo 19,18), explicada à letra, 107

Capítulo VIII – Do primeiro fruto da quinta palavra, 110

Capítulo IX – Do segundo fruto da quinta palavra, 115

Capítulo X – Do terceiro fruto da quinta palavra, 118

Capítulo XI – Do quarto fruto da quinta palavra, 129

Capítulo XII – Onde se expõe à letra a sexta palavra: "Está consumado" (Jo 19,30), 132

Capítulo XIII – Do primeiro fruto da sexta palavra, 141

Capítulo XIV – Do segundo fruto da sexta palavra, 144

Capítulo XV – Do terceiro fruto da sexta palavra, 146

Capítulo XVI – Do quarto fruto da sexta palavra, 152

Capítulo XVII – Do quinto fruto da sexta palavra, 154

Capítulo XVIII – Do sexto fruto da sexta palavra, 156

Capítulo XIX – Explica-se à letra a sétima palavra, "Pai, às tuas mãos recomendo o meu espírito" (Lc 23,46), 162

Capítulo XX – Do primeiro fruto da sétima palavra, 166

Capítulo XXI – Do segundo fruto da sétima palavra, 169

Capítulo XXII – Do terceiro fruto da sétima palavra, 173

Capítulo XXIII – Do quarto fruto da sétima palavra, 176

Capítulo XXIV – Do último fruto da sétima palavra, 180

Prefácio

Eis que já se passa o quarto ano desde que eu, preparando-me para partir, tenho me retirado para um lugar de quietude, livre das minhas atribuições, não porém livre da meditação das Escrituras Santas e de escrever aquilo que me ocorre ao meditá-las, de modo que, se não mais pela voz nem por escrito longo posso ser útil, que eu ao menos possa sê-lo aos meus irmãos de alguma maneira com meus livrinhos pios. Com efeito, quando pensava no que sobretudo devia escolher que tanto me predisporia a morrer bem como seria útil aos meus próximos para o seu bem-viver, ocorreu-me a própria morte do Senhor e aquele último discurso que, constante de sete mui breves porém seriíssimas sentenças, o Redentor do mundo fez desde a cruz a todo gênero humano como se da mais alta cátedra. Pois naquele discurso, ou naquelas sete palavras, está contido tudo aquilo de que fala o próprio Senhor: "Eis que ascendemos a Jerusalém e se consumará tudo o que está escrito pelos profetas sobre o Filho do homem" (Lc 18,31). A quatro artigos se resumem aquelas coisas que os profetas predisseram sobre Cristo que haviam de acontecer: as preleções ao povo, a oração ao Pai, o enfrentamento de gravíssimos males e a realização de obras sublimes e admiráveis. Coisas que, decerto, todas elas, se mostraram na vida de Cristo. Pois palestrava o Senhor mui frequentemente no templo, nas sinagogas, nos campos, em lugares desertos e residências privadas e, enfim, mesmo de dentro dum pequeno barco para multidões espalhadas na orla. Ademais, passava as noites no mais das vezes em oração a Deus. Pois assim diz o evangelista: "Soía pernoitar em oração a Deus" (Lc 6,12). Também obras admiráveis na expulsão de demônios, na cura de doentes, na multiplicação de pães e aplacamento de tempestades se leem nos evangelhos a cada passo (Mt 8; Mc 4; Lc 6; Jo 6). Enfim, os males que lhe eram retribuídos pelos bens eram muitos, não só nas ofensas verbais, mas também no apedrejamento (Jo 8) e na queda (Lc 4). Ademais, tudo isso foi verdadeiramente consumado na cruz. Pois discursou desde a cruz, de modo que muitos retornassem golpeando seu próprio peito (Lc 23,48); e não só os corações dos homens, mas também as pedras se teriam cindido. Também orou na cruz, de modo que "com forte clamor e" orando "em lágrimas" fosse "escutado por sua reverência" (Hb 5,7), como diz o Apóstolo aos hebreus. E o que sofreu na cruz é tanto maior do que aquilo que sofreu no restante da vida, que só isso parece pertencer propriamente à paixão. Enfim, nunca realizou maiores sinais e prodígios do que quando na cruz, como parecesse reconduzido à extrema fraqueza e debilidade. Pois então não só mostrou os sinais do céu, que antes lhe haviam pedido inoportunamente os judeus (Mt 16), como também pouco depois realizou o sinal máximo dentre todos os sinais quando, morto e sepultado, por sua própria força retornou dos infernos e Ele próprio chamou de volta seu corpo à vida e à vida imortal. Portanto verdadeiramente foi na cruz isso tudo consumado que havia sido escrito pelos profetas sobre o Filho do homem.

Mas antes que eu comece a escrever sobre as próprias palavras do Senhor, pareceu valer a pena que falemos um pouco da própria cruz que foi a sé do orador, altar do sacrificador e a oficina do fazedor de milagres. Portanto, acerca da estrutura da cruz é deveras comum a opinião dos antigos de que teria constado de três lenhos: um, oblongo, no qual se estendia o corpo do crucificado; outro transverso, no qual pregaram-lhe as mãos; e um terceiro, fixado na parte inferior, no qual repousavam os pés do crucificado, mas fixados por pregos para que se não pudessem mover. Isso transmitem os padres mais antigos, São Justino (*Dialogus cum Tryphone*, 5) e Santo Irineu (*Adversus haereses*, 11). Estes autores mostram de maneira bastante clara que cada um dos pés se firmava sobre um escabelo, e não um pé sobre o outro. Do que se segue que os pregos de Cristo foram quatro, e não só três, como estimam muitos, que, por essa razão, pintam o Cristo Senhor preso à cruz de modo que tenha um pé sobre o outro. Mas pensa claramente o contrário Gregório de Tours (*De gloria martyrum*, 6), e se vê confirmada sua opinião pelas pinturas antigas. Eu mesmo vi em Paris, na Biblioteca do Rei, livros manuscritos dos evangelhos, antiquíssimos, nos quais estava pintado frequentemente o Cristo crucificado, e sempre com quatro pregos. Ademais, que o lenho oblongo passava um pouco sobre o transverso é o que transmitem Santo Agostinho (*Epistula* 1) e São Gregório de Nissa (*Oratio in Christi resurrectione*, 1); e também do Apóstolo isso parece que se pode concluir. Pois, quando o Apóstolo escreve aos Efésios, "para que possais compreender com todos os santos quais são a largura, o comprimento, a altura e a profundidade" (Ef 3,18) descreve de maneira bastante clara a figura da cruz, que tem quatro extremidades: a largura, no lenho transverso; o comprimento, no oblongo; a altura, na parte que resta e se eleva sobre o transverso, e a profundidade, na parte que se esconde embaixo da terra. Este gênero de tormento não o sofreu Nosso Senhor por acaso ou a contragosto, mas o escolheu desde a própria eternidade, como ensina Santo Agostinho (*Epistula* 120), e o mesmo tem-se por aquele testemunho apostólico dos Atos: "Entregue por determinação e deliberação e presciência de Deus, vós o matastes pelas mãos dos injustos" (At 2,23). E por isso disse o próprio Cristo a Nicodemos no início de sua pregação: "Como Moisés exaltou a serpente no deserto, assim cumpre exaltar o Filho do Homem, de modo que todo aquele que nele crê não pereça, mas tenha vida eterna" (Jo 3,14-15). E muita vez falando aos apóstolos da sua cruz exortava-os a imitá-lo, dizendo: "Quem quer me seguir, negue-se a si mesmo, levante sua cruz e me siga" (Mt 16,24).

Mas por que o Senhor escolheu esse suplício, só o soube Ele. No entanto não faltam mistérios que os Santos Padres excogitaram e nos deixaram por escrito. Santo Irineu, no livro pouco antes referido (*Adversus haereses*, 5), escreve que os dois braços da cruz se encontravam debaixo duma inscrição em que se dizia *Iesus Nazarenus Rex Iudaeorum* (Jesus de Nazaré, Rei dos judeus), para que entendêssemos que dois povos, o hebreu e o gentio, antes divididos, haveriam, em outro tempo, de se juntarem num único corpo, abaixo de um único comandante: Cristo. São Gregório de Nissa, na Oração da Ressurreição (*Oratio in Christi resurrectione*, 1), escreve que a parte da cruz voltada para o céu significa que pela cruz o céu se abre como por uma chave; já a parte virada para o centro do mundo significa que o inferno havia de ser espoliado por Cristo quando Ele lá descesse; que os dois braços da cruz que se estendem para leste e oeste significam a futura purgação de todo o mundo pelo sangue de Cristo. São Jerônimo, por sua vez, na Epístola aos Efésios, Santo Agostinho, na Epístola a Honorato (*Epístula 120*), e São Bernardo, no Da consideração (*De consideratione*, 5), ensinam que o precípuo mistério da cruz foi pelo Apóstolo tocado brevemente naquelas palavras, "quais são a largura, a longura, a alteza e a profundeza?" (Ef 3,18). Ora, nestas palavras são primeiro significados os atributos de Deus: na altura, o poder; na profundeza, a sabedoria; na largura, a bondade; e na longura, a eternidade. Em seguida, as virtudes de Cristo ao sofrer: na largura, a caridade; na longura, a paciência; na altura, a obediência; na profundeza, a humildade. Enfim, as virtudes neste tempo necessárias àqueles que se salvam por Cristo: na altura, a esperança; na profundeza, a fé; na largura, o amor; na longura, a perseverança. Do que entendemos que só o amor, que com razão é chamado a rainha das virtudes, tem lugar em toda parte: em Deus, em Cristo e em nós; que as demais virtudes, umas há em Deus, outras em Cristo, outras em nós. Portanto, não é de admirar se nas próprias palavras derradeiras de Cristo, que ora tomamos para explicar, o amor ocupa o primeiro lugar.

Por isso, primeiramente explicaremos as três primeiras palavras ditas por Cristo em torno da hora sexta, antes que, obscurecido o sol, sobre toda a terra se fizessem trevas. Depois refletiremos sobre o próprio eclipse do sol e então viremos explicar as demais palavras do Senhor, pronunciadas em torno da hora quarta, como escreve São Mateus (Mt 27), a saber, quando se recolhiam as trevas e se aproximava, ou antes era iminente, a morte de Cristo.

LIVRO PRIMEIRO

*Das três primeiras palavras que disse
Cristo na cruz*

CAPÍTULO I

Explica-se literalmente a primeira palavra: "Pai, perdoa-os, pois não sabem o que fazem" (Lc 23,24)

Cristo Jesus, palavra do Pai eterno, de quem disse o próprio Pai: "Escutai-o" (Mt 17,5), e que de si pronunciou abertamente: "É vosso único mestre o Cristo" (Mt 23,10); para cumprir o seu dever o mais possível, não só em vida não cessou de ensinar, como também na morte, desde a cátedra da cruz, pregou umas poucas, porém ardentes, as mais úteis e eficazes palavras, e claramente as mais dignas, que por todos os cristãos fossem recebidas, guardadas e examinadas no fundo do coração e realizadas de fato e por feitos. A primeira sentença é esta: "Jesus então dizia: "Pai, perdoa-os, pois não sabem o que fazem" (Lc 23,24); sentença que o Espírito Santo quis que fosse pregada pelo Profeta Isaías como verdadeiramente nova e insólita naquelas palavras: "E pediu pelos transgressores" (Is 53,12). Quão verdadeiramente disse o Apóstolo Paulo: "O amor não busca o que é seu" (1Cor 13,5), pode-se facilmente entender pela ordem dessas sentenças. De fato, três delas são pertinentes ao bem dos outros, três ao bem próprio, uma é comum. Mas o primeiro cuidado do Senhor foi com os outros, o último consigo.

Ora, das três primeiras sentenças, dirige-se a primeira aos inimigos, a segunda aos amigos, a última aos consanguíneos. Esta é a razão de tal ordem, que o amor primeiro socorre aos mais necessitados, e quem então mais necessitava eram os inimigos; e nós também, discípulos de tamanho mestre, mais necessitávamos que nos instruísse acerca do amor aos inimigos, que é mais difícil e mais raro, que do amor aos amigos ou aos consanguíneos, que é o mais fácil e de certo modo nasce conosco e conosco cresce e ganha muitas vezes mais força do que deve. Diz, portanto, o evangelista: "Jesus então dizia" (*Iesus autem dicebat*). Aquele "então" (*autem*) designa o tempo e ocasião de orar pelos inimigos; e opõe palavras a palavras e ações a ações, como se o evangelista dissesse: "Eles crucificavam o senhor e, diante dos olhos dele, dividiam entre si suas roupas; uns zombavam dele, outros o difamavam como sedutor e mentiroso; Ele então, como via e ouvia aquilo, e sentia a dor mais terrível das mãos e pés recém-perfurados, devolvendo o bem pelo mal, dizia: "Pai, perdoa-os" (*Pater, dimitte illis*).

Chama-o "Pai" (*pater*), não Deus ou Senhor, porque entendia que nessa causa era necessária a benignidade do pai, e não e a severidade do juiz; e porque para dobrar a Deus, irritado sem dúvida por tão enormes crimes, era preciso desferir-lhe o nome amável de pai. Assim, aquele "pai" parece significar isto: "Eu, teu filho, que sofro, perdoo. Perdoa tu também, pai. Perdoa-me a mim, teu filho, esta ofensa, embora eles não mereçam. Lembra-te ainda que tu és também pai deles pela criação, pela qual os fizeste à tua imagem e semelhança. Portanto, mostra-lhes teu paterno amor, pois, maus embora sejam, são teus filhos".

"Perdoa" (*dimitte*). Esta palavra contém a suma do pedido que o filho de Deus, como advogado de seus inimigos, apresenta a seu Pai. Pode então aquela palavra, "perdoa", referir-se ora à pena, ora à culpa. Se se referir à pena, a oração foi ouvida, pois embora merecessem os judeus por causa de seu crime ser de imediato e gravemente punidos e ser ou consumidos pelo fogo que cai do céu ou perecer pelo dilúvio das águas, foi adiada a pena desse pecado em quarenta anos; e, se naquele tempo aquela gente tivesse feito penitência, teria permanecido salva e incólume; mas como não fez penitência, Deus contra eles enviou o exército dos romanos, no tempo do Imperador Vespasiano, que devastou sua principal cidade e matou a gente dos judeus parte de fome, no cerco, parte a espada, capturada a cidade; parte vendeu, parte trouxe como prisioneiros e parte dispersou por várias terras e lugares. Isso mesmo previu-o o Senhor, chorando e lamentando-se, primeiro pela parábola da vinha (Mt 20) e do rei que faz as núpcias de seu filho (Mt 22), e pelo símile da figueira infrutífera (Lc 13); depois ainda pelas hábeis palavras que disse no dia das Palmeiras (Lc 19).

Já no tocante à culpa, foi atendida a oração, pois a muitos, pelo mérito dessa oração, foi dada por Deus a graça da compunção e da resipiscência, entre os quais estão aqueles que "retornavam golpeando o próprio peito" (Lc 23,48); e o centurião, que dizia: "Ele era mesmo filho de Deus" (Mt 27,54); e muitos que pouco depois se convertiam à pregação do Apóstolo e confessavam quem tinham negado, e adoravam quem tinham desprezado. Mas de que não foi a todos dada a graça da conversão a razão é que a oração de Cristo era conforme à sabedoria e à vontade de Deus. O que escreve noutras palavras São Lucas nos Atos do Apóstolos, quando diz: "Creram quantos eram predestinados à vida eterna" (At 13,48).

"Perdoa-os" (*illis*). Com esta palavra dá-se a entender aqueles a quem Cristo pediu indulgência. E primeiramente parece se tratar daqueles que, por esta mesma razão, o pregaram na cruz e dividiram entre si suas roupas; em seguida, de todos aqueles que foram a causa da paixão dominical, como Pilatos, que proferiu a sentença; o povo, que bradou: "Ergue-o, ergue-o e crucifica-o!" (Mt 27,22); os príncipes e escribas, que o acusaram falsamente; e para que ascendamos mais alto, também o próprio primeiro homem e toda sua posteridade, que, pecando, deram causa à paixão de Cristo. E assim, da cruz, vênia a todos os seus inimigos pediu o Senhor. Entre os inimigos então estávamos nós todos, conforme diz o Apóstolo: "Como éramos inimigos, com Deus nos reconciliamos pela morte do seu filho" (Rm 5,10). E assim nós todos, antes mesmo de nascermos, fomos incluídos naquele mais sagrado memento, por assim dizer, com que o Pontífice Cristo orou naquela mais sacrossanta missa que no altar da cruz realizou. Logo, que retribuirás ao Senhor, alma minha, por tudo o que retribuiu Ele a ti antes mesmo que fosses? Viu o pio Senhor que entre os seus inimigos estarias tu também em outro tempo, e sem que o buscasses nem o pedisses, orou ao Pai por ti, que não fosses imputado de desatino. Acaso não cumpriria também a ti te lembrares sempre de tão doce patrono, e com todas as tuas forças trabalhares por que te jamais escapasse ocasião de servi-lo? Também não seria justo que, movido por tamanho exemplo, aprendesses tu ainda não só a perdoar teus inimigos facilmente e orar por eles, mas também a levar quantos puderes a fazer o mesmo? Pois é claro que sim, e é isso mesmo o que desejo fazer e decido, contanto que aquele que deu exemplo tão insigne estenda também, de sua mesma piedade, ajuda eficaz à tão grande obra.

"Pois não sabem o que fazem" (*non enim sciunt quid faciunt*). A fim de que parecesse racional a intercessão, atenua, ou ainda desculpa o Cristo o delito de seus inimigos, tal como podia. Desculpar decerto não pudera a injustiça em Pilatos nem a crueldade nos soldados nem a inveja nos altos sacerdotes nem o desatino e a ingratidão no povo nem os falsos testemunhos nos que andaram perjurando. Só lhe restava que, em todos, lhes desculpasse a ignorância. Pois, com efeito, como diz o Apóstolo, "se o conhecessem, jamais teriam crucificado o Senhor da glória" (1Cor 2,8). Mas ainda que nem Pilatos, nem os altos sacerdotes, nem o povo nem os ministros conhecessem que era o Cristo o Senhor da Glória, conheceu Pilatos que fora varão justo e santo e que por inveja fora entregue pelos altos sacerdotes, e reconheceram os altos sacerdotes que era Ele o Cristo na lei prometido, como ensina Santo Tomás (*Commentarius 2 c. ad prioris ad Corinthios*), porque não puderam negar nem negavam que fizera muitos sinais que os profetas haviam predito que o Messias faria. Conheceu enfim o povo que era condenado o Cristo sem justa causa, o que clamava Pilatos abertamente: "Não encontro causa alguma contra Ele" (Lc 23,14) e "sou inocente do sangue deste justo" (Mt 27,24). Então, embora não tenham os judeus ou os altos sacerdotes ou o povo conhecido que era o Cristo o Senhor da glória, teriam podido conhecê-lo se não tivesse a maldade cegado os seus corações. Pois assim diz São João: "Como fizesse diante deles tantos sinais, não criam, pois disse Isaías: Cega o coração deste povo, tapa os seus ouvidos e fecha os seus olhos para que não veja com os olhos, não ouça com os ouvidos nem entenda com o seu coração, e se converta e eu os cure" (cf. Jo 12,37-40). Na verdade, nem o cegamento desculpa quem se vê cegado, porque é voluntário e concomitante, não pregresso. Desse modo, também aqueles que pecam por maldade sofrem sempre dalguma sorte de ignorância que, no entanto, não os desculpa porque não precede, mas concorre. Pois diz o sábio, com efeito: "Erram os que obram o mal" (Pr 14,22). E diz também o filósofo: "Todo mal é ignorante". E de todos os que pecam com verdade se pode dizer "não sabem o que fazem". Pois ninguém pode querer o mal à luz do mal, porque o objeto da vontade não é coisa boa ou má, mas tão somente boa, e, por isso, os que escolhem o mal escolhem-no representado sob a imagem do bem, melhor ainda, sob a imagem do máximo bem que se pode obter. Causa disso é a perturbação da porção inferior que derrama trevas sobre a razão e faz com que ela não discirna senão esse pouco de bem que há naquela coisa cobiçada. Pois quem escolhe cometer adultério ou furto, jamais o teria escolhido se não atentasse para o bem do deleite ou do lucro que há no adultério ou no furto; se não fechasse os olhos da mente para o mal da torpeza ou da injustiça que há no adultério ou no furto. E assim é semelhante todo aquele que peca ao homem que, quando quer atirar-se do alto num rio, fecha antes os olhos e só depois se lança na correnteza. Assim, portanto, todo aquele que age mal odeia a luz e sofre por voluntária ignorância, a qual, porque é voluntária, não se desculpa. Mas se não se desculpa, por que diz o Senhor "Perdoa-os, pois não sabem o que fazem"? Ao que se pode responder que as palavras do Senhor se podem primeiro entender acerca dos crucificadores, os quais é provável ignorassem completamente não só a divindade de Cristo, mas também sua inocência e simplesmente cumprissem com o seu dever. Por ele, logo, disse o Cristo, com toda a verdade: "Pai, perdoa-os, pois não sabem o que fazem" (*Pater, ignosce illis, quia nesciunt quid faciunt*).

Em seguida, se as tomamos acerca de nós que ainda não éramos, ou dos muitos ausentes pecadores que em verdade não sabiam do que então se passava em Jerusalém, com toda verdade o Senhor disse "não sabem o que fazem" (*nesciunt quid faciunt*). Enfim, se se entende que tratam dos que estavam ali presentes e não ignoravam que o Cristo era o Messias e que era homem inocente, então será preciso dizer que foi tamanho o amor do Cristo que quis atenuar como pôde o pecado dos seus inimigos. Pois, embora aquela ignorância não se desculpe simplesmente, ela parece ter no entanto alguma medida, ainda que tênue, de desculpa; porque teriam mais gravemente pecado, se carecessem por completo de toda ignorância. E embora não ignorasse o Senhor que aquela desculpa não era bem desculpa, mas sombra de desculpa, Ele a quis dar mesmo assim, para que dela entendêssemos sua boa vontade para com os pecadores, e por que arrebatasse o mais avidamente possível melhor desculpa mesmo em favor de Caifás e Pilatos, se alguma melhor ou mais razoável se pudesse encontrar.

CAPÍTULO II

Do primeiro fruto da primeira palavra na cruz proferida

Explicamos qual é o sentido da primeira palavra que Cristo disse na cruz. Agora os demais frutos, e os que são os melhores e para todos nós os mais úteis, nós cuidaremos de colhê-los daquela palavra em meditando. Primeiro de tudo, desta primeira parte do discurso que fez Cristo na cátedra da cruz aprendemos que o seu amor foi mais ardente do que podemos entender ou cogitar. E é isto o que diz o Apóstolo quando escreve aos Efésios "saber também o supereminente amor da ciência de Cristo" (Ef 3,19). Pois faz saber o Apóstolo neste passo que pelo mistério da cruz podemos aprender que a magnitude do amor de Cristo é tamanha que se eleva acima da nossa ciência, sendo grande demais para que pelo conhecimento logremos apreendê-la. Nós, pois, quando nos excruciamos de pesada dor, seja dos dentes, seja dos olhos, seja da cabeça ou de outra parte do corpo, ocupamo-nos de tal maneira de suportar aquela única dor, que não somos capazes de pensar em mais nada; por isso, não admitimos nem visitas de amigos nem gente a tratar de negócios. Já, o Cristo crucificado trazia uma coroa de espinhos na cabeça, como mui claramente ensinam os escritores antigos, o latino Tertuliano, no livro *Contra os judeus* (*Adversus Iudaeos*, 13), e o grego Orígenes, no *Comentário a Mateus* (*Commentarium in Mattheum*, 35); por isso, Ele não podia sem dor recostar a cabeça na cruz ou movê-la. Pregos prendiam suas mãos e pés, e do buraco feito por eles sorvia uma dor violentíssima e contínua. O corpo nu, fatigado dos muitos flagelos e dos longos circuitos, exposto publicamente à vergonha e ao frio, maltratando por seu próprio peso as feridas das mãos e dos pés com tormento imenso e perpétuo, trazia ao pio Senhor ao mesmo tempo dores muitas e como que muitas cruzes. E, no entanto, o amor, que verdadeiramente supera a ciência nossa, desprezando tudo isso, como se Ele mesmo nada padecesse, ocupado tão só da salvação dos seus inimigos e querendo deles afastar o iminente perigo, clamava: Pai, perdoa-os. Que teria feito, se aqueles homens celerados sofressem perseguição injustamente? Se tivessem sido amigos, consanguíneos, filhos, e não inimigos, traidores e os mais celerados parricidas? Com efeito, ó Jesus, ser mais benigno, teu amor vence nossa ciência. Pois vejo teu coração, entre tantas procelas de injúrias e de paixões, como um rochedo no meio do mar por vagalhões constantemente golpeado e por todos os lados. Pois olhas para aqueles teus inimigos, cruéis, que, depois de te infligirem tantas mortais feridas, zombam da tua paciência e alegram-se tendo-te feito mal; olhas para eles, eu digo, não como o inimigo para ferozes inimigos, mas como o pai para os filhos pequenos quando choram, como o médico para os doentes quando deliram de doença grave; por isso não te encolerizas com eles, mas deles tu te compadeces, e os recomendas ao Pai todo-poderoso para os curar e sarar. Pois tal é a força do verdadeiro amor, que tem com todos paz, não reputa a ninguém inimigo, mas vive pacificamente com quem odeia a paz.

E isso é o que se prega naquele cântico sobre a virtude perfeita que é o amor: "Muitas águas não puderam extinguir o amor nem os rios o apagarão" (Ct 8,8). Muitas águas são as muitas paixões que as maldades espirituais, à maneira das procelas do Tártaro, derramaram em Cristo por meio dos judeus e dos gentios, como nuvens grávidas de ódio. Contudo, esse dilúvio de águas – isto é, de penas – não pôde extinguir o incêndio do amor que ardia no peito de Cristo. Por isso, naquele dilúvio de muitas águas sobressaía e ardia o amor de Cristo, dizendo: "Pai, perdoa-os". E não só aquelas muitas águas não puderam extinguir o amor de Cristo, mas nem depois os rios de perseguições puderam apagar o amor dos membros de Cristo. Por isso, pouco depois, o amor verdadeiramente cristão que ardia no peito de Santo Estêvão não se pôde extinguir pela chuva de pedras, mas ardeu mais ainda e bradou: "Senhor, não lhes imputes este pecado!" (At 7,59). E depois, o amor perfeito e invicto de Cristo, propagado em muitos milhares de santos mártires e confessos, de tal maneira lutou contra os rios de perseguidores ora visíveis, ora invisíveis, que se pode verdadeiramente dizer que, até a consumação do mundo, nem rios de paixões hão de apagar o incêndio desse amor. E para ascendermos da humanidade de Cristo à sua divindade, grande foi o amor do Cristo homem por seus crucificadores; maior porém foi pelos mesmos crucificadores o amor do Cristo Deus, do Pai dele e do Espírito Santo, e o será depois, até a consumação do mundo, pelos homens que têm inimizades com o próprio Deus e, se pudessem, o derribariam do céu e o levariam à cruz e o matariam. Quem pelo pensamento poderá compreender o amor de Cristo pelos homens ingratos e maus? Aos anjos que pecavam Deus não poupou (2Pd 2) nem lhes concedeu um lugar de indulgência; os homens que pecam, blasfemam e desertam para a hoste do diabo, sempre e pacientemente Deus os tolera; e não só os tolera, como entrementes os apascenta e nutre, e mais ainda, sustenta e carrega, "pois nele próprio vivemos, movemo-nos e somos" (At 17,28), como diz o Apóstolo. E não só os bons e os justos, mas também os ingratos e os maus, como diz o Senhor em Lucas (Lc 6). Nosso bom Senhor não só nutre e apascenta, sustenta e carrega seus inimigos, mas também amiúde os cumula de favores, adorna-os de engenho, aumenta-lhes as riquezas, leva-os a honras, alça-os a reinos e entrementes espera, pacientemente, que retornem do caminho da iniquidade e da perdição. E, para omitir outras coisas que exigiriam infinito discursar, caso quiséssemos enumerar tudo que se poderia dizer do amor de Deus pelos homens maus e inimigos da majestade divina, consideremos tão somente o favor de que ora tratamos. Acaso "não amou Deus o mundo de tal maneira que lhe deu seu filho unigênito"? (Jo 3,16). O mundo é inimigo de Deus, pois "está posto no maligno" (1Jo 5,19), como diz São João. E "quem ama o mundo, nele não está o amor de Deus" (1Jo 2,1), do que ele próprio é testemunha; e "A amizade deste mundo é inimiga de Deus", e "Quem quiser ser amigo deste século, torna-se inimigo de Deus", como escreve São Tiago (Tg 4,4). Deus portanto, amando o mundo, amou seu inimigo, mas para que o fizesse seu amigo. Pois por isso mandou-lhe seu Filho, que é o "Príncipe da paz" (Is 2,6), para que por meio dele o mundo se reconciliasse com Deus. É por isso, pois, que, quando Cristo nascia, cantaram os anjos: "Glória a Deus nas alturas e paz na terra..." (Lc 2,14). E assim amou Deus o mundo seu inimigo, para que por meio de Cristo lhe oferecesse reconciliação e, reconciliado, escapasse do suplício que se devia ao inimigo. O mundo não aceitou Cristo, aumentou sua culpa, insurgiu-se contra o Mediador; Deus inspirou o Mediador a devolver o bem pelo mal e pedir por seus perseguidores; pediu "e foi ouvido por sua reverência" (Hb 5,7). Esperou a paciência de Deus que, por meio da pregação dos apóstolos, o mundo fizesse penitência, e os que fizeram penitência receberam indulgência; os que não a fizeram, alfim, depois de longa paciência de Deus, foram pelo justo juízo de Deus exterminados. Verdadeiramente, portanto, desta primeira palavra de Cristo aprendemos o supereminente amor da ciência do Cristo; aprendemos também o supereminente amor da ciência do Deus Pai, que "amou o mundo de tal maneira que lhe deu seu Filho unigênito, para que todo aquele que nele crê não pereça, mas tenha a vida eterna" (Jo 3,16).

CAPÍTULO III

Do outro fruto da mesma primeira palavra que disse Cristo na cruz

O outro fruto, decerto assaz salutar a todos que dele provam, será se os homens aprenderem a facilmente perdoar as ofensas recebidas e, por meio disso, para si fazer amigos de inimigos. E para persuadi-los disso, bastante grande argumento deveria ser o exemplo de Cristo e de Deus. Pois se Cristo perdoou aos crucificadores e orou por eles, por que o não faria o cristão? Se Deus, o criador, que, como Senhor e Juiz, teria podido tomar vingança aos crucificadores, contudo espera que o pecador retorne à penitência e o convida à paz e à reconciliação, pronto a perdoar àqueles que fizeram ofensa à sua majestade, por que o não fará a criatura? Ajunta que o perdão da ofensa não carece de alto prêmio. Na história da vida e morte de Santo Engelberto, arcebispo de Colônia (cf. apud *Sur.*, 07/11), está escrito que, quando em trânsito foi morto por inimigos, e no seu coração Ele dizia "Pai, perdoa-os" (*Pater, ignosce illis*), foi sobre isso revelado que, em virtude daquela única ação, cara a Deus sobremaneira, não só aquela alma, súbito alçada pelos anjos, foi levada ao céu, como ainda, colocada entre os coros dos mártires, recebeu sua palma e coroa e celebrizou-se ainda por muitos milagres após a morte.

Ah, se soubessem os homens cristãos quão facilmente poderiam, se o quisessem, enriquecer-se com tesouros incomparáveis e de quão ilustres títulos de honras e de glória ser merecedores, se quisessem dominar as perturbações do ânimo e esquecer breves e pequenas ofensas com ânimo elevado! Decerto não seriam tão duros e inexoráveis em perdoar e suportar ofensas. Mas, assim o dizem, parece de todo opor-se à natureza do Direito que alguém aceite ser injustamente espezinhado e violado por palavras ou ações, pois vemos os animais selvagens, que se conduzem tão somente pelo instinto da natureza, avançar severamente contra as bestas inimigas e matá-las com mordidas e patadas. Experimentamos também em nós mesmos, quando ao acaso deparamos com nosso inimigo, de imediato acender a bile, fervilhar o sangue, surgir naturalmente o desejo de vingança. Engana-se de todo quem assim raciocina e confunde a defesa justa com a vingança injusta. A defesa justa não se pode repreender, e é isso o que ensina a própria natureza, a repelir a força à força, e não a vingar a ofensa recebida. Resistir a que se lhe seja feita ofensa, ninguém o proíbe, mas vingar a ofensa recebida, veta-o a lei divina; pois isto não é da alçada do homem privado, mas compete ao magistrado público, e porque Deus é o rei dos reis, por isso clama e diz "Cabe a mim a vingança, eu a retribuirei" (Rm 12,19). Porém, que os animais naturalmente irrompam contra os animais seus inimigos, disto segue-se que são animais e não podem discernir entre a natureza e o vício da natureza. Os homens, porém, que são dotados de razão, devem separar a natureza, ou a pessoa que por Deus foi criada boa, e o vício, ou o pecado, que é mau e não vem de Deus. Portanto, deve o homem, quando recebe uma ofensa, amar a pessoa e odiar a ofensa; e não encolerizar-se com o homem seu inimigo mais do que compadecer-se dele, e imitar os médicos, que amam os doentes e por isso os curam com todo amor, mas têm ódio pela doença e aplicam-se, consoante suas forças, a expulsá-la, destruí-la e reduzi-la a nada. E isto é o que Cristo, Mestre e Médico das almas, ensinou quando diz: "Amai vossos inimigos, fazei o bem aos que vos odeiam e orai por aqueles que vos perseguem e caluniam" (Mt 5,44). E não foi semelhante Cristo, nosso Mestre, aos escribas e fariseus que, sentados na cátedra de Moisés, ensinavam e não faziam, mas, sentado na cátedra da cruz santa, Ele fez o que ensinou: amou os seus inimigos e orou por eles, dizendo: "Pai, perdoa-os, pois não sabem o que fazem". Que de fato também nos homens o sangue comece a ferver quando veem aqueles de quem receberam ofensa, a razão disso é porque os homens são animais e ainda não aprenderam a conter com o freio da razão os movimentos da porção inferior que nos é comum com os animais. Pois aqueles que são espirituais e sabem não se sujeitar aos movimentos do corpo, mas governá-los, não se encolerizam com os seus inimigos, mas deles se compadecem e procuram por meio de favores atraí-los à paz e à concórdia.

Mas isto, dizem, é demasiado difícil e duro, sobretudo para os homens que, nascidos de condição nobre, devem se preocupar com a honra. Pelo contrário, é fácil, pois esse jugo de Cristo, que esta lei impôs aos seus seguidores, é suave e seu fardo é leve, como testemunham os evangelhos (Mt 11,39), e os mandados dele não são pesados, como afirma São João (1Jo 5,3). Se difíceis e duros nos parecem, isso ocorre porque o amor de Deus é em nós modesto e nulo; pois nada é para o amor difícil, segundo diz o Apóstolo: "O amor é paciente, é benigno, suporta tudo, em tudo crê, tudo espera, sustenta tudo" (1Cor 13,4-7). E não só Cristo amou os seus inimigos – ainda que nisso sobressaia a todos –, pois, na lei da natureza, o santo patriarca José amou maravilhosamente os inimigos por quem fora vendido (Gn 45); e, na lei escrita, com toda paciência suportou Davi a Saul por inimigo (1Rs 4), por quem por longo tempo fora procurado para a morte, e ele próprio, sempre que pôde dar cabo de Saul, absteve-se; já na lei da graça, seguiu o exemplo do Cristo o protomártir Estêvão, que ao ser apedrejado, orava dizendo: "Senhor, não lhes imputes este pecado" (At 7,59), e o Apóstolo São Tiago, bispo de Jerusalém, que destituído pelos judeus de sua elevada posição e próximo da morte, clamava: "Senhor, concede-lhes vênia, pois não sabem o que fazem" (Eusébio de Cesareia. *Historia Ecclesiastica*, 2.22). E diz o Apóstolo Paulo de si mesmo e de seus companheiros apóstolos: "Amaldiçoam-nos, bendizemos; perseguem-nos, suportamos; blasfemam-nos, suplicamos" (1Cor 4,12-13). Enfim, muitos mártires e outros incontáveis, seguindo o exemplo de Cristo, facilmente cumpriram este mandado. Mas dizem ainda outros, não nego, que se deve perdoar os inimigos, mas a seu tempo; isto é, quando tiver desaparecido a memória da ofensa recebida, e o ânimo se tiver aquietado daquela perturbação. Mas e se entrementes fores arrebatado desta vida e te encontrarem sem o traje do amor e te perguntarem: "Como aqui entraste sem o traje nupcial?" (Mt 22,12). Pois então não te emudecerias e ouvirias a sentença do Senhor dizendo: "Com as mãos e pés amarrados, atirai-o nas trevas exteriores: ali irá (como) pranto e estridor de dentes?" (Mt 22,13). Melhor é escutares e imitares o exemplo do teu Senhor, que naquele mesmo tempo que recebia a ofensa, e gotejavam suas mãos e pés de sangue inda fresco e todo seu corpo contorcia-se de acerbas dores, dizia ao Pai: "Pai, perdoa-os". Este é o verdadeiro e único mestre, a quem todos devem ouvir que não querem ser induzidos a erro: acerca disso falou do céu o Deus Pai: "Ouvi-o a Ele" (Mt 17,5; Cl 2). Nisto residem todos os tesouros da sabedoria e da ciência de Deus. Decerto se consultasses Salomão, seguro que seguirias o seu conselho ou o seu juízo. Pois eis que Ele é mais que Salomão (Mt 12,42).

Mas inda ouço não sei quem a protestar, dizendo: se quisermos devolver o bem pelo mal, o favor pela ofensa, a bênção pela maldição, tornar-se-ão insolentes os ímprobos, mais audazes os salteadores, serão os justos oprimidos, a virtude, espezinhada. Ora, não é assim, pois amiúde, como diz o Sábio, "Uma resposta delicada quebra a ira" (Pr 15,1): e não raro a paciência do justo foi motivo de admiração para o perseguidor, que de inimigo passou a melhor amigo. Também não faltam pelas terras magistrados políticos, reis e príncipes que cuidam de que sejam punidos os ímpios na severidade das leis e que se proveja para que os justos levem uma vida sossegada e tranquila. Mas, mesmo se nalgum tempo e lugar cochilasse a justiça humana, permanece sempre em vigília a justiça divina, que não deixa mal nenhum impune nem bem algum sem recompensa, e com razão admirável faz com que os ímprobos, ao julgar que oprimem os justos, os exaltem e os tornem mais ilustres. Pois assim diz São Leão: "Foste cruel com o Mártir, perseguidor, foste cruel, e aumentaste o prêmio amontoando penas, pois que é que teu engenho não encontrou para a glória do vencedor, quando passaram a honrar o triunfo mesmo os instrumentos do suplício?" (*Sermo de Sancto Laurente*). O mesmo podemos dizer de todos os mártires, bem como dos antigos santos. Pois nada mais ilustrou e exaltou o Patriarca José que a perseguição dos irmãos. Pois enquanto o vendem por inveja aos madianitas, foram eles a causa de que se tornasse o príncipe de todo o Egito e de seus irmãos (Gn 45).

Mas, omitidas essas coisas, sumariemos quantos e quão grandes danos sofrem aqueles que para escapar à sombra da desonra entre os homens querem vingar obstinadamente as ofensas recebidas dos inimigos. Primeiro mostram-se desatinados ao querer com mal maior dar cabo de um menor: há pois um princípio conhecido de todos e declarado pelo Apóstolo quando diz "Não se deve fazer o mal para que venha o bem" (Rm 3,8); da mesma maneira não se deve fazer um mal maior para dar cabo de um menor. Quem recebe uma ofensa incorre no mal da pena; quem faz vingança, incorre no mal da culpa. Mas, sem qualquer comparação, é maior o mal da culpa que o mal da pena; pois a pena faz o homem desgraçado, mas não mau, já a culpa o faz desgraçado e mau; a pena priva o homem do bem temporal, a culpa o priva do bem eterno. E assim aquele que, para curar-se do mal da pena, incorre no mal da culpa é semelhante àquele que, para calçar um calçado muito apertado, corta parte do pé, o que é a mais clara loucura. Mas não se acham os que assim enlouquecem nas cousas temporais; acham-se no entanto homens completamente cegados, que não temem ofender a Deus da mais grave ofensa para, como disse, escapar à sombra da desonra humana, ou para preservar uma aura de honra entre homens. Pois esses incorrem na ira e no ódio de Deus, pelo que, se não se arrependerem logo e fizerem séria penitência, serão multados de opróbrio e suplício sempiternos, e tanto a glória hão de perder como as honras eternas. Ademais, ao diabo e aos seus anjos, que incitaram as hostes daqueles homens a desferir ofensas justamente por isso, para que surgissem rixas e inimizades, fazem-lhes o mais grato favor. E quão torpe seja servir ao inimigo mais cruel do gênero humano mais do que a Cristo, isso eu deixo a juízo e consideração de todos os pios. Além disso, não raro ocorre que quem recebe uma ofensa e se apresta por vingá-la fira gravemente seu inimigo ou o mate; e que, pela sentença dum príncipe, confiscados os seus bens, ou seja morto ele mesmo ou obrigado a lavrar a terra, e seus filhos e toda sua família, obrigados a levar uma vida infeliz. Assim os escarnece e ludibria o diabo, àqueles que mais cobiçam ser titulares duma falsa honra que do excelso Cristo Rei, servos e irmãos e coerdeiros do mais vasto e sempiterno Reino. Por isso, quando tamanha e tão grave perda espera os homens desatinados que, contra o preceito do Senhor, se recusam a reconciliar-se com seus inimigos, ouçam todos os que sabem e sigam o Cristo, de todos o mestre, a ensinar no Evangelho e confirmar da cruz a sua doutrina pelos atos.

CAPÍTULO IV

Explica-se literalmente a segunda palavra: "Amém eu te digo, hoje estarás comigo no Paraíso" (Lc 23,43)

A segunda palavra ou sentença que disse o Cristo na cruz, conforme o testemunho de São Lucas, foi aquela magnífica promessa ao ladrão que pendia com Ele na cruz: "Hoje estarás comigo no Paraíso". A ocasião desta sentença foi que, como dois ladrões tinham sido com Ele crucificados, um à direita e outro à esquerda, um se voltou a seus antigos pecados a fim de blasfemar o Cristo e acusá-lo de fraqueza, dizendo: "Se tu és o Cristo, salva-te a ti mesmo e a nós" (Lc 22,39). De fato, escrevem São Mateus e São Marcos que os ladrões crucificados com Cristo lhe reprochavam a fraqueza. Mas é de todo crível que Mateus e Marcos aceitavam o número plural pelo número singular, que é frequente nas Escrituras Santas, como observou Santo Agostinho no livro *De consensu evangelistarum* (3.16). Pois também diz o Apóstolo escrevendo aos hebreus: "Taparam as bocas dos leões, foram apedrejados, retalhados, circularam em melotes e peles de cabras" (Hb 11,33), sendo que o único que tapou bocas de leões foi Daniel, o único apedrejado foi Jeremias e o único retalhado foi Isaías. Ajunta que Mateus e Marcos não escrevem expressamente qual dos ladrões reprochou o Cristo, assim como escreve expressamente Lucas: "mas um dos ladrões que pendiam blasfemava-o" (Lc 23,39). Ajunta ainda que não há razão alguma por que o mesmo ladrão ora blasfemasse, ora louvasse. O que dizem alguns, que este ladrão que antes blasfemava mudou de opinião e louvou o Cristo quando o ouviu dizer "Pai, perdoa-os, porque não sabem o que fazem", claramente repugna ao Evangelho. Pois narra São Lucas que o Cristo pediu ao Pai por seus perseguidores antes que o ladrão mais vil começasse a blasfemar. E assim deve-se seguir a opinião de Santo Ambrósio e Santo Agostinho que pensam que, dos dois ladrões, um só blasfemou e o outro só louvou e defendeu. Portanto, ao ladrão que blasfemava respondeu o outro: "E tu não temes a Deus, de estares na mesma danação?" (Lc 23,30) Esse feliz ladrão, em virtude da associação com a cruz do Cristo, da luz divina que lhe começara a brilhar, teve por bem repreender seu irmão e conduzi-lo a melhor pensamento. E este é o sentido de suas palavras: "Tu decerto quiseste imitar os judeus que blasfemam, mas eles ainda não aprenderam a temer o juízo de Deus, pois creem que venceram, e exultam de sua vitória quando veem o Cristo pregado à cruz.; veem-se então livres e soltos e a sofrer nenhum mal. Mas tu que te apressas à morte, pendurado na cruz por causa de teus crimes, por que não começas a temer a Deus? Por que ajuntas pecado sobre pecado?" Depois, avançando em obra boa e alçado pela luz da graça de Deus, confessa seus pecados e prega a inocência de Cristo. Ele diz: "E nós decerto" fomos condenados à cruz "justamente, pois recebemos coisa digna de nossos feitos; já este aqui não fez nada de mal" (Lc 23,41). E, enfim, crescendo a luz da graça, ajunta: "Senhor, lembra-te de mim, quando chegares ao teu reino" (Lc 23,41). A verdadeiramente admirável graça do Espírito Santo brilhou no coração desse ladrão. O Apóstolo Pedro nega, o ladrão pregado à cruz confessa. Dizem os discípulos a caminho de Emaús "Mas nós esperávamos" (Lc 24,21); já este fala confiante, diz, "lembra-te de mim quando chegares ao teu reino". O Apóstolo Tomás diz que, se não vir o Cristo ressurrecto, não crerá; o ladrão na cruz, que vê pregado à cruz o Cristo, não duvida que após a morte será rei.

Quem ensinara a esse ladrão tão altos mistérios? Ele chama o Senhor, a quem contempla pendendo consigo, nu, ferido, doente, escarnecido e desprezado publicamente; diz-lhe que chegará depois da morte ao seu reino. Do que entendemos que ele não sonha que haverá um reino temporal do Cristo na terra, tal qual esperam os judeus, mas que este será rei eterno nos céus depois da morte. Quem lhe ensinara essas coisas tão sublimes? Decerto ninguém mais do que o espírito da verdade que o preveniu nas bênçãos de doçura. Cristo disse aos apóstolos depois de sua ressurreição: "Assim está escrito, e assim conveio que o Cristo sofresse e assim entrasse na sua glória" (Lc 24,26). Mas o ladrão admiravelmente o soube de antemão e ainda quando no Cristo não havia qualquer semelhança com quem reina, já que os reis vivem enquanto reinam e, quando deixam de viver, deixam também de reinar; o ladrão, no entanto, disse claramente que o Cristo iria reinar pela morte. O que expôs o Senhor em certa parábola, quando diz: "Certo homem nobre se foi para uma região distante tomar um reino para si, e retornou" (Lc 19,12). Isto disse o Senhor próximo da paixão, querendo dizer que pela morte iria a uma região distante – isto é, a outra vida ou ao céu – que dista muitíssimo da terra; e que lá iria para tomar para si o maior reino e sempiterno; e que depois voltaria no dia do juízo, a fim de devolver a todos o que nesta vida mereceram, fosse prêmio, fosse pena. Portanto, deste Reino do Cristo que seria obtido logo depois da morte é que fala o ladrão sábio: "Lembra-te de mim quando chegares ao teu reino". Mas não era rei o Cristo Senhor também antes de morrer? Decerto era, pois por isso clamavam os Magos: "Onde está aquele que nasceu rei dos judeus?" (Mt 2,2). E o próprio Cristo disse a Pilatos: "Tu dizes que eu sou rei; eu nasci assim, vim ao mundo para isso, para dar testemunho à verdade" (Jo 18,37). Mas no entanto era rei neste mundo tal como um estrangeiro entre inimigos, e por isso não era reconhecido como rei senão por poucos, e era desprezado e mal recebido por muitos. E assim por isso disse na parábola supracitada que iria "para uma região distante tomar para si um reino"; e não disse "adquirir", como se coisa alheia, mas "tomar" o que é seu, e retornar; e disse sabiamente o ladrão: "Quando chegares ao *teu* reino".

Ademais, o reino do Cristo neste passo não se entende como "poder real" ou "domínio", pois isto Ele teve desde o início, conforme aquela passagem do Salmo: "Mas eu fui por Ele instituído rei sobre o Sião, seu santo monte" (Sl 2,6); e noutro passo: "Dominará de mar a mar, e do rio até os confins do orbe das terras" (Sl 72,8); e disse Isaías: "Pequeno nos foi dado e como filho nos foi dado, e fez-se seu principado sobre o ombro seu" (Is 9,5); e Jeremias: "E levantarei o germe justo de Davi; e reinará o rei, e será sábio, e fará juízo e justiça na terra" (Jr 23,5); e Zacarias: "Exulta muito, ó filha de Sião; rejubila-te, ó filha de Jerusalém, eis que veio a ti teu rei, justo e salvador, Ele mesmo pobre e montado numa burra e no burrico, cria da burra" (Zc 9,9). Portanto não é deste reino que fala o Cristo na parábola da tomada do reino, nem o bom ladrão quando diz "Lembra-te de mim, quando chegares ao teu reino", mas falam um e outro da perfeita beatitude, por meio da qual se exime o homem de toda servidão e sujeição às coisas criadas e só se submete a Deus, para quem servir é reinar; e pelo próprio Deus é instituído acima de todas as suas obras. Este reino que diz respeito à beatitude da alma, teve-o o Cristo desde o início de sua conceição; mas, quanto ao corpo, não o teve de fato, mas só de direito, senão depois da ressurreição. Pois enquanto peregrinava na terra, achava-se sujeito à fadiga, fome, sede, injúrias, feridas e mesmo à morte; mas porque se lhe devia a glória do corpo, entrou por isso depois da morte na sua glória que decerto lhe era devida. Assim fala o próprio Senhor depois da ressurreição: "Não conveio que o Cristo sofresse e que assim entrasse na sua glória?" (Lc 24). Glória essa que é também decerto dita sua porque Ele a pode dar também a outros, e por isso também é chamado "Rei da glória" (Sl 24,8), e "Senhor da glória" (1Cor 2,8), e "Rei dos reis" (Ap 19,16), e Ele mesmo diz aos apóstolos: "Eu vos disponho do meu reino" (Lc 22,29); pois nós podemos receber glória e reino, mas não dar, e a nós se diz: "Entra no gozo do teu Senhor" (Mt 25,21), não no teu gozo. Portanto este é o reino de que fala o bom ladrão: "Quando chegares ao teu reino".

Mas não se deve omitir as virtudes exímias que brilham no discurso desse santo ladrão, de modo que o admiremos menos quando ouvirmos a resposta do Cristo Senhor. "Senhor", ele diz, "lembra-te de mim quando chegares ao teu reino". Chama-o "Senhor" (*dominus*), título pelo qual se confessa fâmulo ou antes posse comprada (*mancipium emptitium*) e reconhece o Cristo como quem o resgata (*redemptor*). Ajunta "lembra-te de mim", que é expressão cheia de fé, esperança, amor, devoção e humildade. Não diz "se puderes", pois crê que Ele tudo pode; não diz "se te aprouver", pois claramente confia no amor dele e na sua piedade; não diz "desejo associação com o reino", pois sua humildade não o suportava; enfim nada pede em particular, mas apenas "lembra-te de mim" como se quisesse dizer: "Se somente te dignares lembrar-te de mim, se quiseres baixar em mim os olhos de tua benignidade, isso me basta, pois certo estou de teu poder e sapiência, e confio em tua piedade e teu amor". Acrescenta ao fim "quando chegares ao teu reino", para mostrar que nada pede de frágil ou efêmero, mas que aspira ao mais sublime e sempiterno.

Em seguida ouvimos a resposta do Cristo, que diz "Amém eu te digo, hoje estarás comigo no Paraíso" (*Amen dico tibi, hodie mecum eris in paradiso*). Aquele "amém" é palavra solene para o Cristo, que a usava quando queria afirmar seriamente. Certamente Santo Agostinho não temeu dizer que essa palavra é como que um juramento por parte do Cristo. Pois não é propriamente um juramento, porque, como em Mateus o Senhor disse "Eu vos digo, não jureis jamais" (Mt 5,34) e pouco depois "Mas seja o vosso falar: sim e sim, não e não: o que sobeja disso é do mal" (Mt 5,37), não é de modo algum crível que o Senhor jurava sempre que pronunciava "amém", sendo que usava aquela palavra "amém" mui frequentemente; e em São João não só "amém", mas "amém, amém". Portanto corretamente diz Santo Agostinho não que "amém" é um juramento, mas que é *como que* um juramento do Cristo. Pois significa essa palavra "em verdade"; e quando alguém diz "em verdade te digo" afirma seriamente, o que é próprio do juramento. Portanto é com a melhor razão que Cristo disse ao ladrão: "amém eu te digo" – isto é, "afirmo de todo, e tão somente não juro" – pois por três razões teria podido o ladrão duvidar da promessa do Cristo, se não a afirmasse tão positivamente. Primeiro, em razão de sua própria pessoa, que de modo algum parecia digna de tamanho prêmio ou tamanho dom. Pois quem poderia suspeitar que um ladrão pudesse passar da cruz ao Reino de repente? Em segundo lugar, em razão da pessoa do Cristo, quem prometia, o qual então parecia reduzido a pobreza, fraqueza e calamidade extremas. Pois poderia o ladrão assim raciocinar: "Se esse aí não pode vivo dar alguma coisa a seus amigos, como o poderia morto?" Enfim, em razão da coisa prometida, pois prometido era o Paraíso, e o Paraíso, conforme se sabia então, pertencia não às almas, mas aos corpos. Com efeito pela palavra paraíso os hebreus se referiam ao paraíso terrestre. Ao ladrão seria mais crível, se o Senhor dissesse "Hoje estarás comigo num lugar de refrigério com Abraão, Isaac e Jacó". Portanto, por essas razões legitimamente o Senhor enunciou aquelas palavras, "amém eu te digo".

Hoje (*hodie*). Não diz "no dia do juízo te colocarei à direita com os justos"; não diz "depois de alguns anos de purgatório, conduzir-te-ei ao refrigério"; não "depois de alguns meses ou dias, consolar-te-ei", mas "*hoje*, antes que o sol se ponha, comigo passarás do patíbulo da cruz às delícias do paraíso". Admirável generosidade a do Cristo, admirável felicidade a do pecador. Não sem razão Santo Agostinho, no livro *De origine animae* (Da origem da alma), seguindo São Cipriano, estima que aquele ladrão pode ser chamado mártir, e que por isso passou sem purgatório deste mundo ao do Pai; e que pode ser chamado mártir o bom ladrão porque confessou publicamente o Cristo, quando nem mesmo os apóstolos ousavam falar dele; e assim que, pela livre-confissão, sua morte encontrou acolhida junto a Deus com o Cristo, como se pelo Cristo Deus a tivesse permitido. Já aquele "estarás comigo", embora nada mais fosse prometido, teria sido prêmio imenso para o ladrão, pois escreve Santo Agostinho: "Onde podia estar mal com Ele, e onde podia estar bem sem Ele?" (*In Ioannem*, 51). Pois não foi pouca recompensa que Cristo prometeu àqueles que o seguem, quando disse: "Quem me serve, que me siga, e onde eu estiver lá também estará meu servo" (Jo 12,26). E não prometeu somente sua companhia, mas acrescentou "no paraíso".

Que significa neste passo "paraíso" (*paradisus*), ainda que alguns pareçam questioná-lo, não parece poder-se pôr em questão. Pois é certo que o Cristo naquele dia, após a morte, esteve em corpo no sepulcro e em espírito nos infernos. Ora, isso transmite em palavras eloquentes uma profissão de fé. Mas decerto nem ao sepulcro nem aos infernos se pode atribuir o nome de paraíso celeste ou terrestre; não ao sepulcro, porque terá sido lugar mui estreito e apto só a receber cadáveres – omitindo-se que naquele sepulcro somente foi posto o corpo do Cristo, não também o do ladrão, de modo que, se se tratasse desse lugar, não teria sido cumprida a promessa "hoje estarás comigo"; e decerto aos infernos não se pode de maneira alguma aplicar o nome de paraíso, pois "paraíso" significa "jardim das delícias", e com efeito no paraíso terrestre havia árvores cheias de flores e frutos, havia água mui límpida, havia o ar mais ameno. No paraíso celeste havia e há imortais delícias, luz contínua, as moradas dos bem-aventurados. Já nos infernos, mesmo naquela parte onde habitavam as almas dos Santos Padres, luz nenhuma não havia, delícia alguma; decerto aquelas almas não eram torturadas, mas antes eram consoladas, e regozijava-as a esperança da redenção futura e a visitação do Cristo que viria a elas. Mas, no entanto, em escuro cárcere ficavam, detidas como prisioneiras. Pois assim diz o Apóstolo quando expõe o profeta: "Ascendendo ao alto, provou cativo cativeiro" (Ef 4,8); e diz Zacarias: "Tu no sangue do teu testamento livraste os teus presos do lago sem água" (Zc 9,11), (passagens) que não se referem à amenidade do paraíso, mas à escuridão do cárcere. Portanto a palavra "paraíso" neste passo significa nada mais que a beatitude da alma, que está posta na visão de Deus: pois aquela é em verdade o paraíso das delícias, não corporal ou local, mas espiritual e celeste. E esta é a razão pela qual, ao ladrão que lhe pede e diz "Lembra-te de mim quando chegares ao teu reino" o Cristo não respondeu "Hoje estarás comigo no meu reino", mas "no paraíso", porque naquele dia Cristo não estaria no seu reino – isto é, em perfeita felicidade de corpo e alma – mas chegaria àquele reino no dia da ressurreição, quando então teria um corpo imortal, impassível, glorioso e sujeito a nenhuma servidão ou responsável por nenhuma sujeição. E neste reino Ele não teria por sócio o bom ladrão até a ressurreição comum e o dia do último juízo. Então com toda verdade lhe disse e propriamente "Hoje estarás comigo no paraíso", porque naquele mesmo dia comunicaria tanto à alma do bom ladrão como às almas de todos os santos que demoram nos infernos a glória da visão de Deus que Ele mesmo recebera desde sua própria conceição. Pois esta é a glória ou essencial felicidade e este o bem precípuo no paraíso celeste. E, com efeito, é de admirar a propriedade da palavra do Cristo, pois não disse "Estaremos hoje no paraíso" ou "iremos hoje para o paraíso", mas "Estarás comigo hoje no paraíso", como se quisesse dizer: "Tu estás comigo hoje na cruz, mas não estás no paraíso em que eu estou, no que tange à porção superior da alma; mas pouco depois, neste mesmo dia, estarás comigo não só fora da cruz como também dentro do paraíso".

CAPÍTULO V

Do primeiro fruto da segunda palavra

Da segunda palavra que disse na cruz podemos colher alguns frutos, e exímios frutos. O primeiro fruto é a consideração da imensa misericórdia e generosidade do Cristo e de quão bom e útil seja servi-lo. O Cristo, de dores oprimido, teria podido não dar ouvidos ao ladrão que lhe rogava, mas o amor preferiu esquecer-se das mais acerbas dores a não ouvir o miserável pecador que se confessava. O mesmo Senhor emudeceu completamente diante das maledicências e reproches dos sacerdotes e soldadesca, mas diante do clamor do pobre penitente o amor não pode emudecer. Emudeceu diante das maledicências porque é paciente; não emudeceu diante da confissão porque é benigno. Mas que diremos da generosidade? Os que servirão a senhores temporais sempre muito sofrem e é modesto o que lucram. Decerto não são poucos os que vemos dia a dia gastar a vida nos paços dos príncipes e, depois na velhice, tornar a casa quase como mendigos. Mas o Cristo, príncipe verdadeiramente generoso, verdadeiramente magnífico, nada recebe desse ladrão senão palavras boas e o bom desejo de lhe obedecer, e eis a recompensa que recebe. No mesmo dia, primeiro se lhe perdoam muitas dívidas que pecando contraíra ao longo da vida; depois mistura-se aos primazes do seu povo; isto é, aos patriarcas e profetas; enfim, é aceito a participar da mesa deles, de sua dignidade e glória e até de todos os seus bens. "Hoje", diz, "estarás comigo no paraíso". E o que disse fez, e não lhe adiou para outro dia a recompensa, mas naquele mesmo dia

lhe deitou no peito a recompensa cheia, referta, carrega-
da, superabundante (Lc 6,38).

E não o fez o Cristo só com esse ladrão: abandonaram os apóstolos os seus batéis, vendas ou casebres
para servir o Cristo, e Ele os fez "primazes sobre a terra
inteira" (Sl 45,17). Submeteu-lhes demônios e serpentes
e todo gênero de doenças. Para obedecer ao Cristo, um
deu comida a um pobre ou roupas; ele ouvirá no dia
do juízo: "Tive fome e me deste pão; estava nu e me
vestiste" (Mt 25,35). Logo toma e apossa-te do Reino
sempiterno. Enfim, para omitir outras coisas, escuta da
generosidade do Senhor, manifestamente inacreditá-
vel, não fosse Deus quem a promete: "Todo aquele que
abandonar sua casa, seus irmãos ou irmãs, seu pai ou
sua mãe, sua mulher ou filhos, ou seus campos em meu
nome, receberá cem vezes mais e tomará posse da vida
eterna" (Mt 19,29). Então explicam São Jerônimo e outros sagrados doutores esta promessa de modo que este
é o sentido dessas palavras: aquele que pelo Cristo abandonou algum bem temporal nesta vida receberá recompensa dupla, cada uma delas incomparavelmente maior
do que aquela que pelo Cristo abandonou. Pois primeiro
receberá o gozo espiritual ou dom espiritual nesta vida
cem vezes maior e mais precioso do que aquele bem que
pelo Cristo abandonou, assim como, em correto juízo,
prefeririria aquele homem reter para si aquele bem espiritual a trocá-lo por cem casas ou campos ou outros bens
semelhantes. Em seguida, como essa recompensa fosse
nula ou exígua, receberá aquele feliz mercador no tempo
futuro a vida eterna, expressão que significa a afluência
imensa de todos os bens.

Esta, pois, é a máxima generosidade do Cristo Rei
para com aqueles que seriamente não hesitam em entregar-se ao seu serviço. Não são portanto estultos aqueles
que, desprezando o Cristo, cobiçam servir ao dinheiro, à

gula ou à luxúria? "Mas", dizem aqueles que não conheceram as riquezas do Cristo, "isso são só palavras, pois nós vemos os servos do Cristo pobres, sujos, abjetos e tristes. Já esse cêntuplo que exaltas nunca vimos". Assim, o homem carnal jamais viu aquele cêntuplo prometido por Cristo, porque não tem olhos para ver; nem jamais provou daquele sólido gozo que a consciência pura e o verdadeiro amor soem degustar em Deus. Mas quero apresentar um exemplo de que qualquer ânimo, mesmo carnal, pode vislumbrar as delícias e riquezas espirituais.

Lê-se no livro dos exemplos sobre os varões ilustres da Ordem Cisterciense (*Dist.* 3, *ex.*, 26) que certo Arnulfo, varão nobre e rico, depois de tudo abandonar, se tornou monge cisterciense sob o abade São Bernardo. Deus quase até o fim da vida o afligiu com os mais duros flagelos de variadas doenças. Mas, como se torturasse de mui acerbas dores, começou a bradar em alta voz e dizer: "São verdadeiras todas as coisas que disseste, Senhor Jesus". Aos presentes que interrogavam por que dizia aquilo diz: "O senhor em seu Evangelho diz que aquele que abandonar as riquezas e tudo o que tem por Ele, Jesus, receberá cem vezes mais nesta vida e, depois, a vida eterna. A força dessa promessa eu agora enfim compreendo, e confesso que receberei cem vezes mais de tudo a que renunciei. Posto que imensa, a agrura desta dor assim me sabe, em virtude da esperança da misericórdia divina que nela me foi depositada, que dela mesma não me teria querido privar nem mesmo por cem vezes os haveres que tenho abandonados. Pois, em verdade, o gozo espiritual que só há na esperança supera em centenas de milhares de vezes o gozo secular que ora há na coisa". Isto ele disse. Pese o leitor as palavras dele e julgue depois quanto valha a esperança certa, divinamente infusa, de alcançar muito em breve a beatitude eterna.

CAPÍTULO VI

Do segundo fruto da segunda palavra

Há um segundo fruto da mesma segunda palavra: o conhecimento do poder da graça de Deus e da fragilidade da vontade humana. Por meio desse conhecimento poderemos aprender que o melhor é confiar muito na ajuda de Deus e desconfiar muito das nossas próprias forças. Desejas conhecer o poder da graça de Deus? Olha para o bom ladrão. Ele fora insigne pecador e perseverara naquela condição até o suplício da cruz – isto é, até pouco antes da morte; e não lhe acudira em tamanho perigo da eterna danação ninguém que com conselho ou por auxílio o ajudasse, pois, embora tão vizinho estivesse do Salvador, ouvia os pontífices e fariseus afirmarem que ele era um sedutor, um ambicioso que aspirava ao reino alheio; escutava o ladrão seu companheiro dizer contra o Cristo semelhantes impropérios. Ninguém havia que em favor do Cristo dissesse palavra e nem mesmo o Cristo desmentia aquelas blasfêmias e maledicências. E, no entanto, a graça de Deus, quando ele parecia não ter qualquer auxílio para a salvação, e já tão avizinhado estava da geena, e tão longe distava da vida eterna, num momento iluminado e convertido ao melhor, confessa que o Cristo é inocente e rei do futuro século e, como que tornado pregador, arrebata o companheiro, persuade-o à penitência e diante de todos se recomenda devotamente e humildemente a Cristo. Enfim, a coisa se dá de tal maneira, que aquilo que restara da tortura da pena no lenho se lhe converteu em pena purgatória, e logo depois da morte entrou no gozo do seu Senhor. Do que entendemos que ninguém deve desesperar da salvação, já que esse que veio à vinha do Senhor pela décima segunda hora recebeu sua recompensa junto com aqueles que vieram na primeira hora. Doutra parte, o outro ladrão – para que se mostre a fraqueza humana – não foi corrigido por tão insigne amor do Cristo, que pediu tão amavelmente por seus crucificadores; nem por seu próprio suplício nem pela admoestação e exemplo do companheiro nem pelas insólitas trevas nem pelo rachamento das pedras nem pelo exemplo daqueles que, morto o Cristo, se reviravam golpeando o próprio peito. Tudo isso ocorreu depois da conversão do bom ladrão, para que compreendêssemos que um dos ladrões, sem esses auxílios, pôde converter-se; o outro, com todos eles, não pôde, ou antes, não quis.

Mas por que, dirás tu, Deus em um inspirou a graça da conversão, no outro não a inspirou? Respondo que a nem um nem outro faltava graça suficiente, e se um se converteu, converteu-se pela graça de Deus, não sem a cooperação do livre-arbítrio. Mas por que, dirás, Deus não deu a cada um aquela graça eficaz que não se deixa repelir de nenhum coração duro? Isso diz respeito aos segredos de Deus, que nos cumpre admirar, não perscrutar, já que nos deve bastar o fato de não haver em Deus iniquidade, como diz o Apóstolo (Rm 9,14), e de que os juízos dele podem ser ocultos, mas que injustos não podem ser, como diz o santo doutor Agostinho (*Epistula* 105). A nós antes interessa aprendermos desses exemplos a não adiar a conversão para o fim da vida. Pois, embora a um aconteça de na hora extrema encontrar a graça de Deus, a outro acontece de encontrar o seu juízo. E se um ler as histórias ou observar os casos cotidianos, encontrará decerto que foram raríssimos os que partiram deste mundo com felicidade, quando viveram torpemente por todo o curso de sua vida; e, doutra parte, que muitíssimos houve que, depois duma vida negligentemente vivida, foram arrebatados para os eternos castigos; do mesmo modo, por outro lado, que ao todo se contam poucos que viveram bem e santamente a vida e, no entanto, pereceram sem felicidade e desgraçados; ao passo que se contam muitos que, depois de viverem a vida santa e piamente, chegaram aos gozos sempiternos. São mesmo demasiado audazes e temerários os que, em assunto de tamanha monta, quando se trata da vida sempiterna ou dos sempiternos suplícios, ousam mesmo por um único dia andar no pecado letal, sendo que a cada momento da vida presente podemos dela partir e depois da morte não há mais ancho lugar de penitência nem no inferno há nenhuma redenção.

CAPÍTULO VII

Do terceiro fruto da segunda palavra

Um terceiro fruto se poderá colher da mesma palavra do Senhor, se se atentar que três estiveram na mesma hora e lugar crucificados: inocente um, a saber, o Cristo, penitente o outro, o bom ladrão, e o terceiro, obstinado no pecado, o mau ladrão; ou se mais aprouver, que três estiveram num único tempo à cruz pregados: o Cristo sempre e excelentemente santo; um dos ladrões, sempre e eximiamente ímprobo; o outro ladrão, por vezes celerado, por vezes santo. Do que podemos entender que nesta vida ninguém pode viver sem a cruz e que debalde se esforçaram aqueles que confiam poder fugir de todo à cruz; que os verdadeiros sábios são aqueles que da mão do Senhor recebem a sua cruz e até a morte não só pacientemente como de bom grado a suportam. Que todos os bons têm a sua cruz, isso se pode entender das palavras do Senhor, que diz: "Quem quer me seguir, negue-se a si mesmo, levante sua cruz e me siga" (Mt 16,24); e ainda: "Quem não carrega a sua cruz e me segue não pode ser meu discípulo" (Lc 14,27), o mesmo que ensina abertamente o Apóstolo quando diz: "Todos os que quiserem viver piamente no Cristo devem suportar a perseguição" (2Tm 3,2). Com ele concordam os Santos Padres latinos e gregos, dos quais, à guisa de brevidade, citarei apenas dois. Santo Agostinho no *Commentarium Psalmorum* (Comentário aos Salmos) diz: "Esta vida breve é tribulação; se não é tribulação, não é peregrinação; e se é peregrinação, ou amas pouco a pátria ou sem dúvida te atribulas" (ao Sl 137); e ainda:

"Se pensas que não tens tribulações, ainda não começaste a ser cristão" (ao Sl 11). São João Crisóstomo, em homilia aos povos de Antioquia, assim diz: "O vínculo insolúvel da vida do cristão é a tribulação" (Homilia 67); diz o mesmo doutor: "Não podes dizer que alguém é justo, o qual vive sem tribulação" (Homilia 29). Enfim, prova-o também claramente a razão. Pois coisas contrárias, sem concerto mútuo, não podem existir juntas: o fogo e a água, enquanto permanecem distantes entre si, quedam-se em pleno repouso; assim que se reúnem num único lugar, já começa a água a fazer fumaça, saltitar, sibilar, até que ou a água se consome ou o fogo se estingue. "Contra o mal há o bem", diz o Eclesiástico; "contra a morte, a vida; da mesma maneira, contra o varão justo, o pecador" (Eclo 33,15). Os justos são semelhantes ao fogo, luzem, ardem, ascendem, trabalham sempre e fazem o que fazem com eficácia. Os injustos, do contrário, são semelhantes à água, frios, deslizam pela terra, fazendo lama por onde passam. Que admira se todos os bons sofrem dos maus perseguição? Porque em verdade, até a consumação do mundo, estarão misturados o trigo e a cizânia no mesmo campo, a palha e os grãos na mesma eira, peixes bons e maus na mesma rede – isto é, homens probos e ímprobos não só no mesmo mundo, mas também na mesma Igreja; por isso, é impossível que varões probos e santos ímprobos não sofram tribulação dos ímprobos e celerados.

Mas nem os ímprobos vivem neste mundo sem a cruz. Pois, embora os ímpios não sofram dos pios perseguição, sofrem-na dos próprios vícios, sofrem-na da má consciência. Decerto o sapientíssimo Salomão que, se houve algum, pareceu ter sido o mais feliz, não pôde negar ter carregado a cruz, quando diz: "Vi em todos vaidade e aflição do espírito", e pouco à frente: "E aborreceu-me minha vida ao ver que há sob o sol toda sorte de males e toda vaidade e aflição do espírito" (Eclo 2,11). E o Eclesiástico, homem também muito sábio, enunciou o sentido geral quando disse: "Grande distração foi criada para todos os homens e pesado jugo sobre os filhos de Adão" (Eclo 40,1). Diz Santo Agostinho no Comentário aos Salmos: "Dentre todas as tribulações, nenhuma é maior que a consciência dos delitos" (ao Sl 45). São João Crisóstomo na Homilia sobre Lázaro (*Homilia* 3) ensina em muitas palavras que não pode o ímprobo carecer da sua cruz; pois se é pobre, é a pobreza sua cruz; se sai a pobreza, vem a cobiça, que mais aflige; se cai doente, jaz na cruz; se se livra da doença, inflama-se de ira, que é ela mesma uma cruz. Já São Cipriano demonstra pelo próprio nascimento que o homem nasce para a cruz e para a tribulação, e que a prevê naturalmente com seu pranto. Ele diz: "Cada um de nós, quando nasce e é recebido pela hospitalidade deste mundo, faz das lágrimas o seu começo. E embora ainda insciente e ignorante de tudo, nada mais conhece naquele primeiro nascimento que chorar; por natural providência lamenta-se das ansiedades e labores da vida mortal; e contra as procelas do mundo em que entra, já logo no exórdio com seu choro e gemido protesta a alma rude" (*Sermo de patientia*).

Sendo assim, ninguém pode duvidar que a cruz é comum aos bons e maus. Resta demonstrarmos que a cruz dos pios é breve, leve e frutífera, ao passo que a cruz dos ímprobos é duradoura, pesada e estéril. Ademais, acerca da cruz dos pios, não se pode duvidar que seja breve, já que não se pode estender para além do tempo desta vida. Pois aos justos quando morrem "já lhes diz o Espírito que descansem dos trabalhos seus" (Ap 14,13), e que "Deus enxugue cada lágrima dos olhos deles" (Ap 21,3). Pois bem, que a vida presente é deveras breve, embora pareça extensa enquanto passa, exprime-o a Divina Escritura sem obscuridade quando diz: "Breves são os dias do homem" (Jó 14,1), "O homem nascido da mulher, que breve tempo vive" (Jó 14,1) e "Que é a vossa vida? É um vapor que aparece por um tempo e logo desaparecerá" (Tg 4,14). Mas o Apóstolo que parece ter carregado a mais pesada cruz, e por tempo deveras longo – isto é, da adolescência à velhice –, no entanto diz assim na Epístola aos Coríntios: "Este peso momentâneo e leve da nossa tribulação produz em nós um peso eterno de glória, além da medida em sublimidade" (2Cor 4,17). Quando a um instante indivisível compara os mais de trinta anos de tribulação, também chama leve a tribulação, o ter passado fome e sede, estar nu, espancarem-no, sofrer perseguição assídua, vergastarem-no três vezes os romanos, cinco vezes flagelarem-no os judeus, apedrejarem-no uma vez, ter por três vezes naufragado; o ser, enfim, versado em trabalhos inumeráveis, em cárceres deveras, demasiado em chagas, frequentemente em mortes. Assim, que tribulações se podiam chamar graves, se a essas se chamaram verdadeiramente leves e o são? Que diga, se eu acrescentar que a cruz dos justos não só é leve, mas também suave e doce em virtude da superabundante consolação do espírito divino? O próprio Cristo assim fala do seu jugo, que cruz também se pode chamar: "Meu jugo é suave, e leve meu fardo" (Mt 11,30); e ainda: "Chorareis e pranteareis vós, já o mundo se regozijará; havereis de contristar-vos, mas a tristeza se converterá em alegria, e vossa alegria, ninguém a tolherá de vós" (Jo 16,20); e o Apóstolo: "Transbordo de alegria em toda nossa tribulação" (1Cor 7,4). Enfim, que a cruz dos justos não só breve, não só leve, mas que é também frutífera, dentre os melhores frutos a mais útil e fecunda, isso não se pode negar, quando é nosso Senhor que, em São Mateus, o diz o mais abertamente: "Felizes os que sofrem perseguição por injustiça, pois deles é o Reino dos Céus" (Mt 5,10); e clama o Apóstolo na Epístola aos

Romanos: "Não são merecedoras as paixões deste tempo da glória futura que se revelará em nós" (Rm 8,18). Com quem concorda seu coapóstolo Pedro, quando diz: "Vós que compartis das paixões do Cristo alegrai-vos, para que na revelação de sua glória vos alegreis exultantes" (1Pd 4,13).

Já, por outro lado, que seja a cruz dos ímprobos a mais longa, mais dura e carente de todo prêmio ou todo fruto, pode-se demonstrá-lo sem a menor dificuldade. Decerto a cruz do mau ladrão não tem seu fim com a vida temporal, tal como a cruz do bom ladrão, mas perdura nos infernos até o dia de hoje, e há de perdurar por toda a eternidade. "O verme dos ímpios não morrerá" nos infernos, "e seu fogo não se extinguirá" (Is 66,24). E a cruz do rico conviva – isto é, a sede de acumular riquezas, as quais o Senhor em boa verdade comparou a espinhos que não se podem tratar nem conservar sem moléstia – não teve fim na morte, tal como a cruz de Lázaro, mas, acompanhando-o nos infernos, ela o queima e atormenta perpetuamente, e o coage que diga "oxalá uma gota d'água me refrescasse a língua", "pois excrucio-me nesta chama" (Lc 16,24). E assim, a cruz dos ímprobos jamais achará seu fim. E neste nosso tempo, quão grave e áspera seja, testemunham-no as palavras daqueles que o Livro da Sabedoria introduz lamentando-se: "Exaurimo-nos na via da iniquidade e da perdição, e andamos por vias difíceis" (Sb 5,7). Ora, não são vias difíceis a ambição, a avareza, a luxúria? Não são vias difíceis as que acompanham aqueles vícios, o vício da ira, da rixa, da inveja? Não são vias difíceis as obras que desses vícios nascem, as traições, afrontas, agravos, feridas, mortes? São decerto esses vícios dos que, não raro, levam os homens a, desesperados, tirar a própria vida: para escapar a uma única cruz, eles buscam para si cruz inda mais pesada.

Mas que lucro gera enfim a cruz dos ímprobos? Que fruto oferta? Decerto algo de bom gerar não pode, pois nem dão uvas os espinhos nem figos, os abrolhos. O jugo do senhor concede repouso, no dizer do próprio Senhor: "Recebei meu jugo sobre vós e achareis descanso para vossas almas" (Mt 11,29). O jugo do diabo, que é contrário ao jugo do Cristo, que pode gerar senão preocupação e ansiedade? E o que de tudo mais importa, a cruz do Cristo é um passo em direção à felicidade sempiterna, "pois foi preciso que o Cristo sofresse e assim entrasse em sua glória" (Lc 24,26). A cruz do diabo é passo em direção aos eternos suplícios: assim pois dirá o Senhor no dia do juízo: "Ide para o fogo eterno, que foi preparado para o diabo e seus anjos" (Mt 25,41). Logo aqueles que sabem, não queiram descer da sua cruz, se com o Cristo foram crucificados, assim como quis estultamente o mau ladrão; mas antes prendam-se com o bom ladrão ao lado do Cristo, de boa mente, e a Deus lhe peçam paciência, e não o descer da cruz. Pois assim, sofrendo junto com o Cristo, também junto com o Cristo reinarão, segundo diz o Apóstolo: "Se sofrermos juntos, juntos também seremos glorificados" (Rm 8,17). Já os que sofrem a cruz do diabo, se o sabem, que já logo de início se apressurem em trocá-la: troquem, se neles houver algo de luz, os cinco jugos de boi por um só jugo do Cristo. Os cinco jugos de boi parecem significar não outra coisa senão os trabalhos e dores que suportam os homens ímprobos, a fim de servirem aos cinco sentidos de sua carne. Então, com efeito, por um só jugo do Cristo, leve e suave, permutam-se os cinco jugos de boi, quando o homem permuta os trabalhos que suportava pecando pelos trabalhos de fazer penitência. Feliz a alma que não sabe crucificar a sua carne com vícios e concupiscências, e que toma o hábito de gastar em esmolas o dinheiro que gastava em satisfazer os desejos; e consome em oração, ambicionando a graça de Deus e dos príncipes da cúria celeste, as horas que perdia na companhia ou visitação a homens importantes, movida pela mais molesta ambição. Pois assim se troca a cruz do mau ladrão pela cruz do Cristo; isto é, uma cruz pesada e estéril, por outra leve e frutífera.

Com toda prudência, em Santo Agostinho, o soldado honrado assim diferia do seu companheiro soldado sobre trocar a cruz: "Diz-me, por favor, com todos esses trabalhos nossos, onde ambicionamos chegar? Que buscamos? Por que servimos em soldados? Maior poderia ser nossa esperança no palácio que sermos amigos do imperador? E há nesse palácio o que não seja frágil, sobretudo diante dos perigos? E pelos perigos chega-se a maior perigo? E por quanto tempo isso será assim? Já amigo de Deus, se o quiser ser, eis que agora já me faço" (*Confissões*, 8.6). Isso disse aquele que com toda prudência julgou pesados deveras, assaz longos e amiúde infrutíferos os trabalhos de ambicionar a graça do imperador, que julgou ser o mais proveitoso trocá-los por trabalhos mais suaves e breves e, sem dúvida, mais úteis para ambicionar a amizade de Deus. O que também aqueles felizes soldados de imediato fizeram, pois, um e outro, abandonando o serviço secular, começaram a servir tão só a Deus. E o que lhe duplicou o gozo foi terem as mulheres de ambos, ao ouvi-lo, de boa mente dedicado a Deus sua virgindade.

CAPÍTULO VIII

Explica-se à letra a terceira palavra: "Eis aí a tua mãe, eis aí o teu filho" (Jo 19,27)

A sentença derradeira das três que dizem respeito ao amor ao próximo em particular foi esta: "Eis aí a tua mãe, eis aí o teu filho". Mas antes de chegar às palavras delas, há que explicar as palavras do evangelista que as precedem. Pois assim fala São João: "Estavam ademais junto à cruz do Cristo sua mãe e a irmã de sua mãe, Maria de Cléofas, e Maria Madalena. Quando então viu Jesus ali sua mãe e o discípulo que amava, disse à sua mãe: "Eis aí o teu filho"; depois disse ao discípulo: "Eis aí a tua mãe", e desde aquele momento o discípulo a recebeu por sua mãe" (Jo 19,25). Das três mulheres que estavam junto à cruz, duas são conhecidíssimas, Maria, a mãe do Senhor, e Maria Madalena. De Maria de Cléofas não há discussão, pois de ordinário se diz que foi irmã de sangue da Beata Virgem Deípara, nascida de sua mãe Ana, às quais duas ajuntam ainda uma terceira irmã, Maria de Salomé. No entanto, há que rejeitar por completo essa opinião. Pois nem é crível terem três irmãs recebido o mesmo nome – e ademais é bem conhecida a opinião dos eruditos e pios de que Santa Ana foi mãe só da Virgem Maria – nem nos evangelhos não se acha nenhuma Maria de Salomé. Ora, lá onde escreve São Marcos "Maria Madalena, Maria de Jacó e Salomé compraram perfumes" (Mc 16,1), o nome *Salome* não é do segundo caso[1] mas é do

---

1 "Segundo caso" aqui se refere ao caso de declinação gramatical que em latim serve para conectar nome com nome; é mais comumente chamado de caso genitivo, como se significasse *Maria Salome* (Maria *de* Salomé), tal como antes ele disse *Maria Iacobi* (Maria *de* Jacó) [N.T.].

primeiro caso[2] do gênero feminino, como fica claro do texto grego Σαλώμη. Salomé, enfim, era mulher de Zebedeu e mãe de Jacó e do Apóstolo João, como se pode depreender de Mt 27 e de Mc 15, assim como Maria de Jacó, ou Cléofas, era mulher de Cléofas e mãe do moço Jacó e de Judas, ou Tadeu. Portanto a opinião verdadeira é que era irmã da Virgem Deípara a chamada Maria de Cléofas, já que Cléofas era irmão de São José, marido da Virgem Maria: pois cônjuges de dois irmãos em direitura se podem dizer irmãs entre si. Razão pela qual também o moço Jacó é chamado irmão do Senhor, primo na verdade fosse, já que era filho de Cléofas, irmão, como dissemos, de José. Escreve esta história Eusébio de Cesareia em sua *Historia ecclesiastica* (2.1 e 9.11), e aduz a fé de Egesipo, autor que remonta ao tempo dos apóstolos. O mesmo confirma São Jerônimo no livro *Adversus Heluidium*.

Ainda outra questão de texto que se deve aqui resolver é como pode São João dizer que essas três mulheres estiveram junto à cruz do Senhor, quando escrevem Mc 15, Lc 23, que estavam longe. Harmoniza esses testemunhos Santo Agostinho no livro terceiro do *De consensu evangelistarum*, porque dessas mulheres se pode dizer que são santas e que estiveram tanto longe da cruz como junto dela. Longe se comparadas aos soldados e aos guardas, que estavam tão perto como para tocar a cruz; perto, por outro lado, porque facilmente podiam escutar a voz de Cristo devido à proximidade, o que não podia a multidão ao longe. Ainda seria possível dizer que aquelas três santas mulheres, enquanto ocorria a crucificação, estavam bem longe, estorvadas pela multidão e pelos soldados; mas pouco depois de terminada a crucificação, quando muitos recuaram, que essas três mulheres chegaram mais perto acompanhadas de São João. Com o que se resolve ainda outra questão,

---

2 Refere-se ao caso de declinação gramatical mais conhecido como caso nominativo [N.T.].

acerca de que modo teriam podido a Santa Virgem e São João entender as palavras do Senhor, "Eis aí o teu filho, eis aí a tua mãe", quando ali se achava turba numerosa e o Cristo não chamava pelo nome nem a Virgem nem o discípulo. Respondemos pois que aquelas três mulheres e São João estiveram perto da cruz, de modo que pudesse o Senhor facilmente designar com a vista as pessoas a quem falava, sobretudo quando era certo que falava aos seus e não a estranhos; que entre os seus, ademais, não havia outro homem a quem se pudesse dizer "Eis aí a tua mãe", a não ser São João, e nenhuma mulher que por aquela morte se visse privada do filho, senão a Virgem mãe. Disse portanto à mãe: "Eis aí o teu filho", e ao discípulo, "Eis aí a tua mãe", palavras cujo sentido é: "Eu ora passo deste mundo ao Pai, e porque sei que tu, minha mãe, não tem nem pais nem marido nem irmãos ou irmãs, para te não deixar destituída de todo humano auxílio, recomendo-te a João, meu discípulo mais preclaro; ele será para ti como um filho, e serás tu para ele uma mãe". Este saudável conselho e ordem do Cristo muito aprouve a ambos, e cada um, como é de crer, anuiu inclinando a cabeça. E diz de si mesmo São João: "E desde aquele instante, aceitou-a o discípulo como sua"; isto é, obedeceu de imediato e passou a contá-la entre as pessoas cujo cuidado e providência lhe diziam respeito, tal como seus já velhos pais, Zebedeu e Salomé.

Surge, porém, neste ponto uma nova questão de texto. Pois São João era um daqueles que diziam: "Eis que nós abandonamos tudo e te seguimos. Logo, que é que nos espera?" (Mt 19,27) e dentre as coisas que abandonaram, o próprio Senhor enumera o pai e a mãe, irmãos e irmãs, a casa e os campos; e sobre esse mesmo São João e São Tiago, seu irmão, escreve São Mateus: "Eles então, tendo logo abandonado suas redes e seu pai, seguiram-no" (Mt 4,22). Por que então quem havia abandonado uma mãe de novo aceitou outra? Ora, é fácil respondê-lo. Pois os apóstolos, para seguir o Cristo, deixaram pai e mãe na medida em que lhes servissem de impedimento para pregar o Evangelho, e na medida em que daí pudessem obter conveniência e deleite carnal. No entanto não abandonaram o cuidado que por justiça deviam demonstrar aos pais, ou aos filhos, por instrução, ou aos indigentes, por auxílio. Esta é a razão (como afirmam a cada passo os doutores) de que não pode ingressar em ordem religiosa o filho cujo pai está consumido pela velhice, ou oprimido pela pobreza a ponto de não poder sustentar-se sem a ajuda dele. Assim portanto São João deixou a seu pai e sua mãe, visto que não necessitavam do seu trabalho; e o cuidado, em verdade, e zelo pela Virgem mãe, ele aceitou por ordem do Cristo, pois estava destituída de todo humano auxílio. Decerto Deus teria podido sem labor humano, por meio dos anjos, obter para sua mãe o que lhe era necessário para viver, pois serviam os anjos ao próprio Cristo no deserto; mas quis que isso se fizesse por meio de João, de modo que ao mesmo tempo provesse à Virgem e honrasse João e o ajudasse. Pois enviou Deus também a Elias junto à viúva para sustentá-la, não porque não pudesse alimentá-la valendo-se dos corvos, como antes fizera, mas para abençoar a viúva, como advertiu Santo Agostinho (*Sermo 26: De verbum Domini*). Assim aprouve ao Senhor demandar ao discípulo que zelasse pela mãe, para conceder-lhe o maior benefício, e mostrar-lhe que em verdade era amado mais do que os demais. Pois com efeito nessa mudança de mãe consumou-se aquele passo: "Quem abandonar a pai e mãe receberá vezes cem e possuirá vida eterna" (Mt 19,29). Pois com efeito recebeu vezes cem o que deixou a mãe, mulher de pescador, e recebeu como mãe a mãe do criador, senhora do mundo, graça plena, bendita entre as mulheres e que há de ser exaltada um pouco depois, acima dos coros do anjos, aos reinos celestes.

CAPÍTULO IX

Do primeiro fruto da terceira palavra

Desta terceira palavra muitos frutos se podem colher, se se observar a tudo diligentemente. E em primeiro lugar se poderá colher que foi infinito no Cristo o desejo de sofrer pela nossa salvação, de modo que a mais plena e copiosa fosse a nossa redenção. Pois os demais homens acautelam-se de que, na morte, e ainda mais na morte violenta e cheia de desonra e infâmia, não estejam presentes os próximos, a fim de não duplicar sua dor e tristeza pela presença deles. Já o Cristo, não satisfeito de sua própria paixão, a mais atroz e cheia de dor e de desonra, quis ainda que a própria mãe e o discípulo que amava estivessem presentes, e que ficassem perto da cruz, a fim de que a dor da compaixão dos que amava duplicasse a dor da sua própria paixão. Estava o Cristo na cruz derramando copiosamente como que quatro fontes de sangue; quis que ficassem por perto a mãe e o discípulo, bem como Maria, irmã de sua mãe, e Madalena, que, além das demais santas mulheres, o amava mui ardentemente, para que delas quatro fontes de lágrimas irrompessem; para que, da efusão do próprio sangue, Ele como que se torturasse menos que pela copiosa chuva de lágrimas que a dor dos presentes exprimia dos seus corações. Pareço ouvir o Cristo a me dizer: "Circundaram-me as dores da morte" (Sl 18,5), mas não menos me lancina e rompe o coração aquela espada predita por Simeão, que com dor de não se crer atravessou a alma de minha mãe, mais inocente mãe. Assim, ó morte amarga, tu separas não só a alma do corpo, mas também a mãe, e uma tal mãe, do seu filho, um filho tal? Pois por isso não permitiu o amor que eu dissesse "Mãe", e sim "Mulher, eis aí o teu filho". Deus de tal maneira amou o mundo, que para a sua redenção lhe deu seu filho unigênito; e o filho unigênito de tal maneira amou o Pai, que para honrá-lo derramou seu sangue largamente; e não satisfeito da dor da paixão, ajuntou-lhe ainda a dor da compaixão, para que houvesse, pelos pecados, a mais copiosa restituição. E assim o Pai e o Filho depositam em nós o seu amor, por razão e modo inefável, a fim de que não pereçamos, mas tenhamos vida eterna; e no entanto o coração humano até agora inda resiste a amor tamanho, e prefere experimentar a ira do Deus onipotente e vivo, que degustar a doçura da misericórdia e ceder à caridade do amor divino. Em verdade, somos muitíssimo ingratos e dignos de todo suplício, se nós, quando o Cristo nos amou com tanto amor, que por nós quis sofrer muito mais do que era necessário, e quando para nossa redenção bastava uma só gota do seu sangue, quis Ele próprio verter todo o seu sangue e aguentar inumeráveis suplícios, se nós pelo amor dele e por nossa salvação mal quisermos aguentar o quanto basta. A causa de tamanha indolência e estupidez não é outra senão o fato de que não refletimos séria e atentamente como se deve na paixão e no amor do Cristo e não escolhemos os momentos e lugares apropriados a tamanha incumbência, mas lemos ou ouvimos breve e apressadamente da paixão do Cristo. Por isso, o santo profeta adverte: "Atentai e vede se há dor como a minha dor" (Lm 1,12). E diz o Apóstolo: "Refleti nele que suportou tamanha oposição dos pecadores contra si, para que não vos afadigueis, faltos de vossas almas" (Hb 12,3). Mas virá o tempo em que em vão nos arrependeremos dessa nossa tão grande ingratidão para com Deus e da negligência para com nossa própria salvação. Pois muitos são os que no dia do juízo "hão de fazer penitência e gemer diante da angústia do espírito" (Sb 5,3) e dirão: "pois bem, extraviamo-nos do caminho da verdade, e a luz da justiça não brilhou para nós" (Sb 5,6). Mas não serão os primeiros; mesmo antes do dia do juízo, assim que cerrarem com a morte os olhos, serão abertos os olhos de seu coração e verão o que não quiseram ver quando havia tempo.

CAPÍTULO X

Do segundo fruto da terceira palavra

Outro fruto desta terceira palavra colhe-se do mistério das três mulheres que estavam junto da cruz do Senhor. Pois Maria Madalena é a representante dos penitentes, e por isso dos iniciantes; Maria de Cléofas, dos proficientes; e Maria, a mãe de Cristo e virgem, dos perfeitos, com a qual podemos associar por mérito São João, o qual também era virgem e havia de breve se tornar perfeito, se já não era. Todos esses e tão somente eles se acham junto à cruz do Senhor. Pois quem vive em pecado e não reflete na penitência está distante da cruz, que é uma escada para a salvação. Ademais, todos eles não é sem razão que estão junto da cruz, já que carecem da ajuda do Crucificado. Pois os penitentes ou iniciantes fazem guerra com os vícios e concupiscências, e precisam muito do auxílio do Cristo, o nosso Comandante, para que se animem a lutar, enquanto o veem lutando ao seu lado com a serpente antiga, sem descer da cruz até triunfar sobre ela venturosamente. Pois assim diz o Apóstolo na Epístola aos Colossenses: "Despojou os principados e potestades; confiante os trouxe a público, triunfando sobre eles em si mesmo". E um pouco antes, "cravando na cruz a cédula de dívida que havia contra nós" (Cl 2,14-15). Os proficientes são representados por Maria de Cléofas, mulher que lhe era aparentada e paria filhos que eram chamados irmãos de Cristo; também eles precisam do auxílio da cruz, para que os cuidados e preocupações deste tempo, em que estão implicados por necessidade, não lhes sufoque o bom sêmen; ou para que, trabalhando a noite toda, não saiam sem ganhar nada. E assim devem trabalhar pelo aperfeiçoamento, e contemplar o Cristo na cruz, que, não satisfeito das tantas e tamanhas boas obras que antes fizera, quis por meio da cruz proceder a maiores, e não descer até que o inimigo se achasse derrotado e arruinado. Pois nada fere mais os proficientes que saciar-se no percurso e deixar de progredir. Com efeito, "No caminho da virtude não progredir é regredir", como ensina corretamente São Bernardo na Epístola a Garino (*Epistola ad Garinum*, 254), em que traz o exemplo da escada de Jacó, onde ou sobem ou descem todos; parado fica ninguém. Enfim, também os próprios perfeitos, que estão em estado de celibato, e sobretudo se forem virgens, como eram a Virgem, mãe do Cristo, e São João, o seu discípulo e, por isso mesmo, mais amado do que os demais, esses perfeitos, como dizia, precisam muito da ajuda do Crucificado. Pois os que estão no degrau mais elevado muito devem temer o vento da soberba, a não ser que estejam assentados e radicados na mais profunda humildade. Mas ainda que o Cristo frequentemente tenha se revelado mestre da humildade, como quando disse: "Aprendei de mim, porque sou brando, e humilde de coração" (Mt 11,29), e quando repete "Deita no último lugar" (Lc 14,10), e quando tantas vezes diz: "Quem se exalta se humilhará, e quem se humilha se exaltará" (Lc 18,14), nunca se mostrou mais doutor da humildade que na cátedra da cruz. Isto declarou o Apóstolo quando disse: "Humilhou-se a si mesmo fazendo-se obediente até a morte, a morte na cruz" (Fl 2,8). Pois que maior humildade se pode cogitar do que permitir-se Ele, que é onipotente, amarrar e fixar à cruz? Do que permitir-se Ele, "em quem residem todos os tesouros da sabedoria e da ciência de Deus" (Cl 2,3), ser reputado louco por Herodes e pelo seu exército, e, vestido num traje branco, ser por eles escarnecido? Do que permitir-se Ele "que se senta acima do querubim" (Sl 99,1) ser crucificado no meio dos ladrões? Decerto quem se contemplar a sério no espelho da cruz será demasiado indócil se não aprender e confessar que, por mais que tenha avançado, ainda se acha longe da verdadeira humildade.

CAPÍTULO XI

Do terceiro fruto da terceira palavra

Aprendemos, em terceiro lugar, do alto da cátedra da cruz, e pelas palavras ditas à mãe e aos discípulos, qual é o dever dos pais para com os filhos e dos bons filhos para com os pais. Comecemos do primeiro. Devem os bons pais amar os filhos, mas de tal maneira que o amor aos filhos não lhes impeça amar a Deus. E é mesmo isto o que diz o Senhor no Evangelho: "Quem ama o filho ou a filha sobre mim não é digno de mim" (Mt 10,37). Isto a Virgem santa observou com o maior cuidado, pois estava junto da cruz com dor extrema e máxima constância. A dor dava testemunho do máximo amor que tinha por seu filho penso na cruz; a constância dava testemunho da deferência máxima pelo Deus que reina no céu. Levava a mal que ao filho inocente, a quem amava veementemente, afligissem tão acerbas dores; mas nem por isso, seja com palavra ou ato, impediu aquelas torturas, ainda que o pudesse, porque sabia, "por definidas decisão e presciência do Deus" Pai (At 2,23), que todas aquelas torturas seriam toleradas pelo filho. A medida da dor é o amor. Logo, sofria deveras a mãe por ver seu filho tão cruelmente atormentado, uma vez que o amava muito. E como não amaria tão ardentemente a Virgem mãe ao filho, se sabia melhor que todos que aquele filho não só superava a todos os filhos de homens em toda sorte de talentos, mas também que pertencia a si aquele filho mais do que pertencem todos os outros filhos a suas mães? Pois a razão de que as mulheres amem seus filhos costumam ser duas: uma, por os terem gerado elas próprias; a outra, por sobressaírem eles em virtude de algum insigne talento – pois não deixa de haver mães que ou amam pouco a seus filhos, ou mesmo os odeiam, quando os percebem demasiadamente deformados ou ímprobos, ou ímpios e ingratos com seus pais. Ora, a Virgem mãe, por uma e outra causa, amava mais o seu filho que qualquer outra mãe jamais amou ao seu. Pois, primeiro, as demais mulheres geram filhos sozinhas, mas têm por sócio na geração dos filhos o marido. A Virgem santa gerou sozinha o seu filho. Pois virgem o engendrou e virgem o pariu; e assim como o Senhor Cristo teve, na geração divina, Pai sem mãe, na geração humana, teve mãe sem pai. E ainda que se diga com verdade que o mesmo Cristo foi concebido pelo Espírito Santo, não é o Espírito Santo o Pai do Cristo, mas feitor e fabricador do corpo de Cristo; nem da sua própria substância foi que o Espírito Santo formou o corpo do Cristo, que pertence propriamente ao Pai, mas do sangue puríssimo da própria Virgem fabricou-o. Portanto, sozinha, em verdade, a Virgem santíssima, sem o consórcio de um pai, engendrou seu filho; e, sozinha, ela o reivindicava só e todo para si. Assim ela mais o amava do que qualquer outra mãe jamais amou a sua prole. Quanto à segunda causa, o filho da nossa Virgem não só mais belo era e é ante os filhos de homens, mas também em toda sorte de talentos supera até mesmo todos os anjos. Segue-se, portanto, que a Virgem santa, que amou seu filho mais do que todos, mais que todos chorou a sua paixão e morte. E isso é tão verdadeiro, que São Bernardo num sermão seu (*Sermo in illud., Signum Magnum*) hesitou afirmar que a dor da Beata Virgem, concebida da paixão do filho, se pode chamar um martírio do coração, conforme aquele passo de Simeão: "E perpassou o gládio a tua própria alma" (Lc 2,35). E uma vez que o martírio do coração parece mais acerbo do que o martírio do corpo, Santo Anselmo, no livro *Da excelência da Virgem* (*De excellentia Virginis,* 5), escreve que foi mais acerba a dor da Virgem que qualquer corporal martírio. Decerto nosso Senhor, quando sofria o martírio do coração orando no Jardim de Getsêmani, ao considerar atentamente todas as dores e torturas que no dia seguinte sofreria e, ao mesmo tempo, relaxar de algum modo as rédeas para a aflição e o pavor, começou a excruciar-se tão violentamente que de todo o seu corpo derramava um suor de sangue. O que não se lê que lhe tenha ocorrido na paixão corporal. Portanto, a Virgem santa, daquela espada de dor que lhe trespassou a alma, suportou sem dúvida o mais grave sofrer e a pena mais acerba. E, no entanto, porque mais amava a honra e glória de Deus que a carne do filho, estava junto da cruz em plena constância, e sem sinal algum de impaciência contemplava o filho. Não caiu por terra semimorta, como a figuram alguns; não arrancou os cabelos; não se esgoelou feito mulher, mas aguentou corajosamente o que pela vontade de Deus se devia suportar. Pois amava muito a carne do filho; a honra, porém, do Pai amava mais, e a salvação do mundo, as duas coisas que também o próprio filho amava mais do que o conservar-se do seu corpo. Além disso, a fé na ressurreição do seu filho dali a três dias, acerca da qual ela nunca teve hesitações, ajuntava-se à imensa constância do seu coração. Pois sabia ela que a morte do filho seria semelhante a um breve sono, conforme aquele passo do profeta: "Eu adormeci, acho-me adormecido; ergui-me porque o Senhor me levantou" (Sl 3,6).

Este exemplo deveriam imitar todos os fiéis, de modo que amassem seus filhos, sem porém os anteporem a Deus, que é o Pai de todos, e que os ama muito mais e melhor do que nós saberíamos amá-los. E primeiro devem os cristãos amar seus filhos com amor viril e prudente, sem mimá-los quando fazem mal, mas educando-os no temor de Deus, reprochando-os com palavras e mesmo corrigindo-os com o açoite, seja quando ofendem a Deus ou descuidam dos estudos das letras. Pois esta é a vontade de Deus, que Ele revelou nas Escrituras Santas. Pois assim diz o Eclesiástico: "Tens filhos? Instrui-os, e deflete-os da infância deles" (Eclo 7,25). E de Tobias, lê-se que seu filho "desde a infância ele ensinou temer a Deus e abster-se de todo pecado" (Tb 1,10). E o Apóstolo aconselha aos pais não chamar os filhos à indignação, para que não se tornem pusilânimes; mas a educá-los na disciplina e correção do Senhor; isto é, a tratá-los não como servos, mas como livres (Cl 3,21; Ef 6,4). Pois os que com os filhos são demasiado austeros, ralhando com eles e açoitando-os o tempo todo, mesmo pelo menor dos erros, tratam-nos sim como servos, e fazem com que se tornem pusilânimes ou fujam; já os que são em demasia indulgentes, tornam-nos cheios de vícios, e os criam não para o Reino dos Céus, mas para a Geena.

A maneira correta de educar os filhos é os pais os instruírem na disciplina, de modo que aprendam por si mesmos a obedecer a pais e mestres, e os corrigirem, quando erram, paternalmente, de modo que entendam que são corrigidos com amor e não com ódio. Mais tarde, se porventura Deus chamar ao clero os filhos de alguém, ou a uma ordem religiosa, que não ousem impedi-lo, a não parecer repugnar a Deus, que é o pai primeiro, mas que digam com o Santo Jó: "O Senhor deu, o Senhor tirou: bendito seja o nome do Senhor" (Jó 1,21). Enfim, se por morte prematura forem aos pais subtraídos seus filhos, o que se passou sobretudo com a santíssima Virgem, ponderem os juízos de Deus, que não raro arrebata alguns para que a maldade não lhes mude a boa mente e pereçam por toda eternidade. Decerto se alguma vez soubessem os pais por que razão Deus faz essas coisas, não só não chorariam, como ainda se alegrariam. E se a fé na ressurreição velasse em nós como velava na santíssima Virgem, não mais nos entristeceríamos quando morre alguém antes de velho do que nos entristecemos se alguém se põe a dormir antes do anoitecer. Pois a morte de um homem de fé é uma forma de sono, como adverte o Apóstolo na Primeira Epístola aos Tessalonicenses: "Não queremos", diz ele, "que vós, irmãos, ignoreis dos que dormem, a ponto de não vos entristecerdes, tal como os outros que não têm esperança" (1Ts 4,12). Ora, lembra-se aquele mais da esperança que da fé, porque fala não de qualquer ressurreição, mas da beata e gloriosa, a que é para a vida verdadeira, tal como foi a ressurreição do Cristo. Pois quem crê por certo que haverá ressurreição da carne e tem esperança de que seu filho, subtraído por morte imatura, ressuscitará, não tem do que se entristecer, mas sim do que se alegrar, porque sua salvação está posta em segurança.

Venho agora ao dever dos filhos para com os pais, dever esse que o Cristo ao morrer cumpriu para com sua mãe, copiosamente. Pois o dever dos filhos é "Devolver aos pais o que deles receberam" (1Tm 5,4), como adverte o Apóstolo. E devolvem os filhos aos pais o que deles receberam quando cuidam do que os pais têm necessidade ao que envelhecem, assim como os próprios pais cuidaram de obter para os filhos ainda pequenos e dependentes alimento e roupa. Portanto, à mãe que já envelhecia e não tinha ninguém que, morto o filho, lhe prestasse cuidado, deu-lhe o Cristo São João por filho, dizendo: "Eis aí o teu filho", e a João: "Eis aí a tua mãe". Encarregou-se ainda o Senhor copiosamente do dever de filho para com a mãe de muitas maneiras. Pois primeiro deu à Virgem mãe João por filho, o qual era da mesma idade que o próprio Cristo, ou melhor, um ano mais novo, e por isso ainda mais apto para sustentar a mãe do Senhor. Segundo, dentre os doze discípulos, deu aquele a quem o próprio Senhor por demais amava e por quem se sabia muito amado, portanto podia confiar da fé e da diligência dele em ajudar sua mãe. Além disso, deu aquele que sabia havia de viver por muito longo tempo, e que, por isso, sobreviveria sem dúvida alguma à sua mãe. Enfim, não faltou o Cristo à sua mãe, embora devesse suscitar tal cogitação naquele momento inoportuno. Pois estava ocupado em suportar as dores por todo o corpo, e receber as ofensas dos inimigos, e beber do tão amargo cálice da morte próxima, de modo que não parecia poder pensar em qualquer outra coisa. No entanto, venceu o amor pela mãe e, desvencilhando-se de si, pôs-se a pensar e planejar a consolação e auxílio de sua mãe, e não o decepcionou a expectativa de prontidão e fidelidade de João, pois "na mesma hora recebeu-a como sua" (Jo 19,27).

Esta providência que o Cristo tomou sobre sua mãe devem todos os filhos tomar sobre seus pais. Pois o Cristo devia menos à sua mãe do que os demais homens a seus pais – a quem devem quanto não podem devolver. Pois aos pais devem a vida, que não lhes podem devolver: "Lembra-te", diz o Eclesiástico, "que, não fosse por eles, não terias nascido" (Eclo 7,30). Ora, o Cristo, e só Ele, escapa a essa regra. Pois recebeu da Virgem mãe uma vida, a saber, a humana, mas deu a ela três vidas: a vida humana, quando a criou com o Pai e o Espírito Santo; a vida de graça, quando, precedendo-a nas bênçãos de doçura, justificou-a ao criá-la e criou-a ao justificá-la; e a vida de glória, quando a conduziu à glória eterna e alçou-a sobre os coros dos anjos. Por isso, se o Cristo, que à sua santa mãe deu mais do que dela recebeu ao nascer, quis observar a lei, de modo que a ela como mãe lhe devolvesse o que dela recebera, quanto mais os demais homens não são obrigados a saldar essa dívida com os pais? Acresce que, embora com honrar os pais façamos o que devemos, a benignidade de Deus no entanto nos dá inda mais um prêmio, dizendo na lei: "Honra teus pais, para que sejas longevo sobre a terra" (Ex 3,6). E pelo Eclesiástico acrescenta o Espírito Santo: "Quem honra o seu pai se alegrará com os seus filhos, e no dia de sua oração será ouvido" (Eclo 3,6). Deus não só deu um prêmio aos que honram os pais, como também uma pena aos que não honram, "pois disse Deus", diz o Senhor, "quem maldiz o pai ou a mãe que morra de morte" (Mt 15,4); e acrescenta o Eclesiástico: "É amaldiçoado por Deus aquele que exaspera sua mãe" (Eclo 3,18). E daí aprendemos que a maldição dos pais contra os filhos tem grande força, porque Deus a confirma. Sobre esse tema, acham-se nas histórias não poucos exemplos, um dos quais, muito célebre, conta Santo Agostinho, nos livros de *A cidade de Deus* (*De Civitate Dei*, 22.8). O resumo é o seguinte: Em casa de César da Capadócia, seus dez filhos, sete homens, três mulheres, amaldiçoados pela mãe, foram castigados pelos céus com pena tal, que tremiam todos com tremor dos membros; não suportando, em tão feio aspecto, os olhares dos seus concidadãos, perambulavam por quase todo o mundo romano, por onde quer que lhe desse de ir a cada um; dois deles enfim foram curados, na presença de Santo Agostinho, pelas relíquias de Santo Estêvão Protomártir.

CAPÍTULO XII

Do quarto fruto da terceira palavra

O fardo e o jugo impostos pelo Senhor a São João, de carregar o cuidado e o zelo para com a Virgem mãe, foi na verdade jugo suave e leve fardo. Pois quem não moraria, de toda boa vontade, com aquela mãe que carregou no útero por nove meses o Verbo encarnado, e com Ele morou, por todos os seus trinta anos, devotadissimamente? Quem não invejaria o dileto senhor que, na ausência do Filho de Deus, obteve a presença da mãe de Deus? Mas se não me engano, podemos também nós impetrar com preces à benignidade do Verbo, causa da nossa crucificação, que nos diga também: "Eis aí a tua mãe", e à sua mãe diga, "Eis aí o teu filho". Não é avaro de graças o pio Senhor, contanto que do trono de sua graça nos aproximemos com fé e confiança, e não de coração falso, mas verdadeiro e sincero. Aquele que nos quis coerdeiros do Reino de seu Pai não desdenhará por certo de nos ter por herdeiros do amor de sua mãe. E a própria Virgem, a mais benigna, não há de se agravar da multidão de filhos, porquanto tem o mais amplo regaço e muitíssimo deseja não pereça nenhum dos quais seu filho redimiu com tão precioso sangue e tão preciosa morte. Logo aproximemo-nos com confiança do trono da graça do Cristo, e como suplicantes e não sem lágrimas lhe peçamos que fale à sua mãe de cada um de nós: "Eis aí o teu filho", e a cada um de nós fale de sua mãe: "Eis aí a tua mãe". Quanto bem nos advenha sob a proteção de mãe tão grande! Quem ousará nos arrancar do seu regaço? Que tentação, tribulação poderia assoberbar-nos, confiantes no patrocínio da mãe de Deus e nossa mãe? E não seremos nós os primeiros na perseguição de tamanho benefício. Muitos nos precederam; muitos, digo eu, se dirigiram ao patrocínio único e puramente materno de tão grande Virgem, e dispensado foi ninguém confuso e triste, mas todos hílares e alegres, confiados no patrocínio de mãe tão grande. Pois dela está escrito: "Ela mesma te pisará a cabeça" (Gn 3,15); confiam nela que também caminharão confiantes "sobre a víbora e o basilisco" e que pisotearão "o leão e o dragão" (Sl 90,13). Ouçamos, dentre muitos, a poucos, mas sobretudo àqueles que atestam ter depositado confiança singular na proteção da Virgem mãe, a ponto de se crer contarem do número daqueles de quem se disse à mãe: "Eis aí o teu filho".

O primeiro seria Santo Efrém da Síria, Padre antigo, e de tão grande celebridade que, no testemunho de São Jerônimo (*De scriptoribus ecclesiasticis*), seus livros se liam publicamente nas igrejas em pós das Escrituras Santas. No Sermão dos louvores à Deípara (*Sermo de laudibus Deiparae*), ele diz: "Destemida e de todo pura, ó Virgem Deípara, Rainha de todos, esperança dos desesperados"; e adiante, "Tu és o porto das procelas aos atribulados, a consolação do mundo, a libertadora do cárcere aos enclausurados; és o acolhimento dos órfãos, a redenção dos cativos; tu és a exultação dos enfermos e a salvação de todos"; e adiante: "Sob as tuas asas guarda-me, protege-me, comisera-te de mim, que estou sujo de lama"; e adiante: "Não tenho confiança outra, Virgem sincera. Ave, ó paz, alegria e salvação do mundo". A ele acrescentemos São João de Damasco, que foi um daqueles que mais cultuaram a Virgem santíssima e esperaram em seu patrocínio. Na *Oração do nascimento da Beata virgem* (*Oratio de nativitate Beatae Virginis*), ele diz: "Ó filha de Ana e Joaquim, ó Senhora, recebe a oração do pecador, ainda que ele ame e adore ardentemente e que tenha só a ti por esperança de deleite, por quem nos preside a vida, por firme penhor da salvação; despedaça o fardo dos pecadores, reprime as tentações; governa santa e piamente a minha vida, e faz-me e me guia a que eu alcance a celeste beatitude". Acrescento dois dos Padres latinos. Santo Anselmo no *Livro da excelência da Virgem* diz algures: "Itaque cui saltem ita concessum fuerit, sæpe dulcis studio posse cogitare de illa, magnum promerenda salutis indicium esse coniecto..." [*Liber de excellentia Virginis*, 3][3]; e abaixo: "Mais ligeira é não raro a salvação pela lembrança do nome dela [a Virgem mãe], pela invocação do nome do Senhor Jesus, seu único filho. E isso decerto não é assim por ser ela maior e mais poderosa do que Ele; e nem Ele próprio é grande e poderoso por meio dela, mas ela sim o é por meio dele. Mas por que com frequência se percebe mais propícia a salvação na recordação dela do que na de seu filho? Direi o que penso: O filho é o Senhor e Juiz de todos, discernidor dos méritos de cada um. Portanto, enquanto é invocado por alguém pelo seu próprio nome, de imediato não ouve, e decerto é com justiça que age assim. Já quando invocado pelo nome da mãe, mesmo se os méritos de quem invoca não mereçam que ele seja ouvido, os méritos da mãe intervêm para que seja ouvido". Mas São Bernardo descreveu admiravelmente o afeto pio e puramente materno da Virgem santíssima pelos homens seus devotos e a piedade, por seu turno, exímia e filial daqueles que reconhecem por mãe a Beata Virgem. No segundo sermão sobre o *Missus est angelus* (Enviado foi o anjo), ele diz: "Ó tu, quem quer que sejas, que te entendes na corrente desta idade mais a flutuar entre procelas e tempestades que a caminhar pela terra, não desvies os olhos do fulgor dessa

---

3 Este texto apresenta problemas de transcrição, não fazendo sentido no contexto. Em vista disso foi suprimido [N.E].

estrela (de Maria, Maristela), se não queres ser engolido pelas procelas. Se os ventos da tentação se levantarem, se te abalroares nos rochedos das tribulações, olha para a estrela, chama Maria. Se te atirares às ondas da soberba, da ambição, da difamação, da inveja, olha para a estrela, chama Maria. Se, perturbado pela monstruosidade do crime, confuso pela feiura da consciência, aterrorizado pelo horror do julgamento, no fundo do poço começares a te devorar de tristeza, no abismo do desespero, pensa em Maria; nos perigos, nas angústias, nas situações de dúvida, pensa em Maria, invoca Maria. Seguindo-a, não te desvias, rogando a ela, não te desesperas, pensando nela, não erras". O mesmo diz no Sermão do nascimento da Beata (*Sermo de nativitate Beatae Virginis*) ou Do aqueduto (*De aquae ductu*): "Considerai profundamente com quanto afeto de devoção quis que Maria fosse por nós honrada, aquele que em Maria pôs a plenitude de todo o bem, para que assim saibamos que aquilo que houver de esperança em nós, o que houver de graça, de salvação, transborda dela"; e adiante: "Logo, com todas as entranhas do coração e com todos os votos veneremos Maria, pois esta é vontade do que quis que por meio dela nós tudo obtivéssemos"; e de novo: "Filhotes, ela é a escada dos pecadores, ela é a minha máxima confiança, ela é toda razão da minha esperança". A esses dois Padres santíssimos acrescento mais dois da escola dos teólogos igualmente santos. Santo Tomás, no opúsculo *Da saudação dos anjos* (*De salutatione angelica*), diz: "Bendita entre as mulheres, porque sozinha levou a maldição e trouxe a bênção, e abriu a porta do paraíso. E por isso lhe conveio o nome de Maria, que se traduz por 'estrela do mar' (*stella maris*); pois, assim como pela estrela do mar[4] se dirigem ao porto os navegantes, os cristãos, da mesma maneira, por Maria se dirigem à glória". São Boaventu-

---

4 Estrela polar [N.T.].

ra, em sua *Fáretra* (*Pharetra*, 1.5), diz: "Ó beatíssima, assim como todo aquele que se desviou de ti e foi por ti desdenhado é necessário que pereça, da mesma maneira todo aquele que se voltou a ti e foi por ti respeitado é impossível que pereça". O mesmo santo, na *Vida de São Francisco* (*Vita Beati Francisci*), diz acerca da confiança de São Francisco na Beata Virgem: "Abraçava com amor indizível a mãe de nosso Senhor Jesus Cristo, porque ela nos tinha feito do Senhor da majestade nosso irmão, e por meio dela conseguimos misericórdia. Tendo nela só menos fé do que no Cristo, fez dela advogada de si e dos seus, e em sua honra jejuava com a maior devoção desde a festa dos apóstolos Pedro e Paulo até a festa da assunção". A todos estes decidi acrescentar o Papa Inocêncio III, que foi cultor insigne da Virgem Deípara, e não só nos seus sermões pregou-a magnificamente, mas também em sua honra construiu um mosteiro, e o que é mais de admirar, ao estimular o povo a depositar sua esperança na Santíssima Deípara, como se presciente do futuro, disse essas coisas que pela própria e feliz experiência mais tarde comprovou. Pois assim diz no segundo *Sermão da assunção* (*Sermo de assumptione*): "Quem jaz na noite da culpa, que olhe para a lua, reze a Maria, para que ela, pelo filho, lhe ilumine o coração para a contrição. Pois quem a invocou de noite e não foi por ela ouvido?" Consulte o leitor o que escrevemos sobre o Papa Inocêncio III no segundo livro, capítulo IX, de *O gemido da pomba* (*De gemitu columbae*). De tudo isso, portanto, colhe-se assaz claramente, dos sinais da eleição à glória, que não há, em última instância, devoção singular à Virgem mãe de Deus; nem pois parece poder perecer aquele de quem diga o Cristo à Virgem "Eis aí o teu filho", contanto que não faça ouvidos moucos ao que o Cristo lhe disse: "Eis aí a tua mãe".

LIVRO SEGUNDO

Das demais palavras ditas na cruz

CAPÍTULO I

Explica-se à letra a quarta palavra: "Deus meu, Deus meu, por que me abandonaste?" (Mt 27,46)

Expusemos no livro anterior as três primeiras palavras que pronunciou nosso Senhor da cátedra da cruz pela hora sexta, quando recém fora pregado à cruz. Exporemos neste livro que segue as outras quatro palavras que, depois das trevas e do silêncio de três horas, o mesmo Senhor, já próximo da morte, pronunciou da mesma cátedra, em alta voz clamando. Mas parece necessário declarar antes brevemente de que sorte foram aquelas trevas – e de onde e a que fim surgiram – que entre as três primeiras palavras e as quatro posteriores se interpuseram. Assim, portanto, diz São Mateus: "A partir da sexta hora fizeram-se trevas sobre a terra inteira, até a hora nona; e pela hora nona clamou Jesus em alta voz: *Eli, Eli, lamma sabacthani*; isto é, Deus meu, Deus meu, por que me abandonaste?" (Mt 27,45). Ora, que se tenham feito as trevas de eclipse do sol, nota-o expressamente São Lucas, diz: "E obscureceu-se o sol" (Lc 23,44). No entanto, três dificuldades há que se desatar neste passo. Pois costuma o sol apagar-se na lua nova, quando entre o sol e a terra se acha no meio a lua, o que não pode ter ocorrido quando da morte do Cristo, já que não estava a lua em conjunção com o sol – o que ocorre na lua nova –, mas estava em oposição ao sol – o que ocorre na lua cheia. Erra pois a páscoa dos judeus, que, segundo a lei, começava no décimo quarto dia do primeiro mês. Ademais, mesmo que estivesse a lua, na paixão do Cristo, em conjunção com o sol, não poderia ter havido trevas por três horas – isto é, da sexta à hora nona –, uma vez que não pode um eclipse do sol durar tanto, que esconda o sol inteiro e se possa chamar a sua escuridade de trevas. Pois a lua se move mais rápido que o sol, conforme o movimento que lhe é próprio, e, por isso, não é senão por mui breve tempo que cobre o sol inteiro. Pois começando a recuar de imediato, deixa ela livre o sol para que ele possa iluminar a terra com seu costumeiro brilho. Enfim, não pode acontecer jamais que, pela conjunção com a lua, o sol deixe a terra inteira em trevas. Pois a lua é menor que o sol e mesmo do que a terra; assim não pode a lua, com interpor seu corpo, esconder o sol do modo que se ponha a terra inteira em trevas. Mas se alguém disser que os evangelistas falavam de toda a terra da Palestina e não da terra inteira, totalmente, pode essa opinião ser facilmente refutada pelo testemunho de São Dionísio Areopagita que, na Epístola a São Policarpo (*Epistula ad Sanctum Polycarpum*), testemunha ter visto aquele eclipse do sol e horríveis trevas na cidade de Heliópolis, que fica no Egito. Flégon, historiador grego e gentio, também se recorda desse mesmo eclipse, e diz: "No quarto ano da ducentésima segunda Olimpíada ocorreu um grande eclipse, notável entre todos os que antes sucederam. O dia à hora sexta converteu-se em tão tenebrosa noite que se viam no céu as estrelas". Ora, esse historiador não escreveu na Judeia; citam a esse autor Orígenes, no *Contra Celso* (*Contra Celsum*, 2), e Eusébio, na *Crônica* ao trigésimo terceiro ano do Cristo. O mesmo testemunha Luciano Mártir, dizendo: "Procurai nos vossos anais e encontrareis nos tempos de Pilatos dia interrompido por trevas pelo desterro do sol". Menciona essas palavras de São Luciano Rufino na *História eclesiástica* (*Historia Ecclesiastica*, 9.6) de Eusébio, que traduziu para a língua latina; também Tertuliano, no

Apologético (*Apologeticum*), e Paulo Orósio, na sua *História*, e falam todos eles das outras partes do mundo e não só da Judeia. Mas essas controvérsias se podem explicar sem dificuldade. Pois o que se dizia no início do eclipse do sol, que costuma ocorrer na lua nova, não na lua cheia, é verdadeiro quando ocorre eclipse natural. Mas, na morte do Cristo, foi o eclipse singular e prodigioso, o qual só pode ter sido feito por aquele que fez o Sol e a Lua, o Céu e a Terra. Escreve pois São Dionísio no passo indicado ter com Apolófanes visto a lua, perto do meio-dia, vir ao sol em curso insólito e mui veloz, e meter-se debaixo dele; e, lá metida desse modo, ter ela ali ficado até a hora nona, e então enfim ter pelo mesmo caminho retornado ao seu lugar no quadrante oriental. Quanto ao que se acrescentava, que não era possível um eclipse do sol permanecer por três horas, de modo que por todo aquele tempo houvesse trevas sobre a terra, pode-se responder que é verdadeiro no caso de eclipse natural e costumeiro. No entanto, não se regia aquele eclipse pelas leis da natureza, mas pela vontade do Criador onipotente, que assim como pôde trazer a lua de modo insólito e em velocíssima carreira até o sol e, três horas depois, reconduzi-la ao seu lugar no Oriente, da mesma maneira pôde fazer com que a lua permanecesse quase imóvel sob o sol aquelas três horas, de modo tal que se movia nem mais lenta nem mais rapidamente do que o próprio sol. Enfim, quanto ao que se acrescentava, que não podia suceder de um eclipse do sol ser observado na terra inteira, dado que a lua é menor do que a terra e muito menor ainda do que o sol, não temos dúvida que é de todo verdadeiro no que concerne à interposição só da lua; mas o que não podia fazer a lua fez o criador do sol e da lua, tão somente ao não cooperar com o sol para iluminar a terra. Pois nada podem fazer as coisas criadas sem o criador para ajudar e cooperar. Pois o que dizem alguns – que foi pelas nuvens densas e negras que se fez com que trevas se formassem sobre a terra – não pode ser verdadeiro, já que consta do testemunho dos antigos que, no tempo daquele eclipse e daquelas trevas, brilhavam no céu estrelas, ao passo que nuvens densas não só podem e soem escurecer o próprio sol, como também a lua e as estrelas.

Razões por que quis Deus que aparecesse na paixão de Cristo esse sinal das trevas podem-se aduzir várias. Duas, porém, precípuas. Primeiro para demonstrar a completa cegueira do povo judeu – razão que aduz São Leão no sermão décimo de *Da paixão do Senhor* (*De passione Domini*). E inda dura essa cegueira, e durará até o vaticínio de Isaías, que diz desde o princípio da Igreja: "Levanta, ilumina-te, Jerusalém, porque veio tua luz, e a glória do Senhor nasceu sobre ti. Pois eis que as trevas cobrirão a terra e caligem, os povos" (Is 60,1) – isto é, trevas as mais densas cobrirão a terra judaica – e caligem – que é mais leve e facilmente se pode dissipar – cobrirá os povos dos gentios. A segunda razão é para demonstrar a magnitude do delito dos judeus, como ensina São Jerônimo. Se antes homens maus perseguiam, vexavam e matavam homens bons, agora é o próprio Deus vestido em carne humana que ousaram homens ímpios perseguir e levar à cruz. Antes cidadãos tinham suas desavenças com seus concidadãos; e das desavenças iam a juízo, e do juízo à pena, e da pena à morte, agora porém são os servos e escravos que se insurgiram contra o Rei dos homens e dos anjos e com incrível audácia o pregaram à cruz. Por isso o mundo inteiro horrorizou-se, e o próprio sol, de abominar tamanho crime, subtraiu seus raios e todo ar cobriu de horríveis trevas.

Venhamos agora às palavras do Senhor, *Eli, Eli lamma sabacthani*. São palavras tiradas ao início do Sl 21, "Deus, Deus meu, olha para mim, por que me abandonaste?" Esse "olha para mim" (*respice in me*) que há no meio do verso foi adicionado pelos setenta tradutores, e no próprio texto hebraico não se acham senão as palavras proferidas pelo Senhor. A única diferença é que as palavras do Salmo são todas em hebraico; as palavras proferidas pelo Cristo são em parte siríacas, língua de que usavam vez por outra os hebreus. Pois também são siríacas, não hebraicas, aquelas palavras *Talitha cumi*, "Levanta-te, menina", e *Epheta*, "escancarar" e outras porventura nos evangelhos. Logo queixa-se o Senhor de ter sido por Deus abandonado, e queixa-se clamando em alta voz. Uma e outra coisa se há de explicar brevemente. O abandono do Cristo por parte do Pai se pode entender de cinco maneiras, das quais verdadeira é apenas uma. Com efeito, no Filho de Deus cinco eram as conjunções: uma, natural e eterna, da pessoa do Pai com a pessoa do Filho em essência; a outra, nova, da natureza divina com a natureza humana na pessoa do Filho, ou, o que vem a dar no mesmo, da pessoa divina do Filho com a natureza humana. A terceira foi a união da graça e da vontade, pois foi o Cristo homem "cheio de graça e verdade" (Jo 1,14), e "as coisas que agradavam a Deus confessava sempre" (Jo 8,29), como Ele mesmo testemunha em João; e sobre Ele disse o Pai não só uma vez: "Este é meu filho amado, em quem muito me comprazo" (Mt 3,17). A quarta foi a união de glória, pois viu a alma do Cristo a Deus desde a própria conceição. A quinta foi a união de proteção, de que fala Ele mesmo quando diz: "Aquele que me enviou está comigo, e não me deixou só" (Jo 8,29). A primeira união é de todo inseparável e perpétua, pois é união na essência divina, acerca da qual Ele próprio diz: "Eu e o Pai somos um" (Jo 10,30), e por isso não diz o Cristo "Meu pai, por que me abandonaste", mas "Deus meu, por que me abandonaste" (Jo 10,30), pois Deus só é chamado Pai do seu

Filho depois da encarnação e em razão da encarnação. Também a segunda união nunca foi dissolvida nem se pode dissolver, pois o que Ele uma vez recebeu para si nunca dispensou. Diz o Apóstolo: "Não poupou o próprio filho, mas por nós todos entregou-o" (Rm 8,32); e o Apóstolo Pedro: "O Cristo sofreu por nós" (1Pd 2,21) e "tendo o Cristo sofrido na carne..." (1Pd 4,1). Todos esses passos demonstram que não é Ele simples homem, mas o verdadeiro filho de Deus e o Senhor Cristo que foi crucificado. A terceira união igualmente permanece sempre e permanecerá. "Morreu o justo pelos injustos" (1Pd 3,18) como diz São Pedro, e de nada nos teria sido proveitosa a morte do Cristo se dissolvida fosse a união da graça. A quarta união não poderia romper-se, porque não pode perder-se a beatitude da alma, uma vez que abraça o conjunto de todos os bens. Era com efeito a alma do Cristo, em sua porção superior, verdadeiramente santa (cf. Santo Tomás. *Suma Teológica*, 3.46.8).

Resta portanto tão somente a união de proteção, que em pouco tempo se rompeu, para que tivesse lugar a oblação do sacrifício cruento pela redenção do gênero humano. Decerto teria podido Deus Pai de muitas maneiras proteger o Cristo e impedir a paixão, pois assim disse o Cristo na prece que rezou no jardim: "Pai, tudo te é possível. Afasta de mim esse cálice, não pelo meu querer, mas pelo teu" (Mc 14,36); e em Pedro Ele diz: "Acaso julgas que não posso pedir a meu Pai, que Ele me há de mostrar mais de doze legiões de anjos?" (Mt 26,53). Teria podido o próprio Cristo, como Deus, proteger a sua carne, por que não sofresse, pois com esse intento diz: "Ninguém me tira a minha alma, mas a entrego eu" (Jo 10,18); o que muito antes predisse Isaías, quando diz: "Foi oferecido porque Ele o quis" (Is 53,7). Enfim, podia a santa alma do Cristo transmitir ao corpo o dom da impassibilidade e da incorruptibilidade; no entanto aprouve ao Pai, aprouve ao Verbo, aprouve ao Espírito Santo, a fim de cumprir o comum decreto, permitir que em tempo prevalecesse no Cristo a força humana. E foi esta aquela hora de que falou o Cristo aos que o tinham vindo prender: "Esta é a hora vossa e o poder das trevas" (Lc 22,53). Assim portanto Deus abandonou seu filho quando permitiu que a carne humana dele sofresse, sem qualquer consolação, as mais acerbas dores. Clamando, ademais, em alta voz manifestou o Cristo esse abandono, para que todos entendessem a magnitude do preço da redenção, pois até aquela hora a tudo suportara com tão incrível paciência e tamanha tranquilidade de alma, que se podia crer que carecia de senti-lo. Não se queixou dos judeus que o haviam acusado; nem de Pilatos, que contra Ele pronunciara a sentença de morte; nem dos guardas que o pregaram à cruz. Não gemeu, não gritou, não manifestou nenhum sinal de dor. Portanto, estando já vizinho da morte, para que o gênero humano compreendesse, e sobretudo para que nós, servos dele, não fôssemos ingratos de tamanha graça e em grande conta tivéssemos o preço da redenção, quis Ele que a dor da paixão sua se desse a conhecer publicamente. Por isso, aquelas palavras – "Deus meu, por que me abandonaste?" – não são palavras de quem acusa ou de quem se queixa, e sim, como disse, de quem declara a magnitude da paixão a pleno direito e no mais oportuno momento.

CAPÍTULO II

Do primeiro fruto da quarta palavra

Expusemos brevemente o que, segundo a história, é pertinente à quarta palavra. Agora, a fim de colhermos outros frutos da árvore da cruz, primeiro cumpre considerar que o Cristo quis exaurir o cálice da paixão completamente, até a última gota. Havia de permanecer na cruz por três horas, da sexta à nona. E permaneceu sim três horas, inteiras, cheias e mais do que cheias, pois antes da hora sexta foi pregado à cruz, e depois da hora nona exalou o espírito. Persuadimo-nos disso pela razão seguinte: pelo fato de o eclipse do sol ter começado na hora sexta, como ensinam três dos evangelistas: Mateus, Marcos e Lucas. Marcos o diz em eloquentes palavras, "E chegada a hora sexta, fizeram-se trevas até a hora nona". Ora, três das palavras do Senhor foram ditas antes do princípio das trevas, e antes de chegada a hora sexta, e as quatro últimas palavras foram ditas depois das trevas, portanto, depois da hora nona. Mas, além disso, São Marcos com mais clareza explica a coisa toda quando diz: "Pois era a hora terceira, quando o crucificaram" (Mc 15,33), e, em seguida, ajunta: "E chegada a hora sexta, fizeram-se trevas" (Mc 15,25). Ora, quando diz que na hora terceira foi o Senhor crucificado, quer dizer que a hora terceira não se tinha ainda completado quando foi o senhor crucificado e, portanto, que a hora sexta não se tinha ainda iniciado. Enumera pois São Marcos as horas principais, que costumam conter três horas ordinárias. Assim chamava o chefe de família os trabalhadores à vinha, na primeira, terceira e sexta, na nona e duodécima horas; e nós enumeramos as horas canônicas Primeira, Terceira, Sexta, Nona e Vésperas, que é a décima primeira. Portanto, diz-se em São Marcos que o Senhor foi crucificado na hora terceira, porque não chegara ainda a hora sexta. E assim quis o Senhor beber o cálice da paixão na medida cheia e transbordante, a fim de que nos ensinasse a amar o cálice amargo da penitência e dos trabalhos, e a não amar o cálice das consolações e das delícias seculares. Nós, pela lei da carne e do mundo, desejamos penitências exíguas e grandes indulgências, de trabalho pouco e muito de consolação, oração breve e longa confabulação. Mas em verdade não sabemos o que pedimos, pois como admoesta o Apóstolo aos coríntios, "Cada um receberá sua mercê conforme o trabalho" (1Cor 3,8); e "Não será coroado senão aquele que pelejar de maneira legitima" (2Tm 2,5). Decerto a felicidade sempiterna seria digna de sempiterno trabalho, mas se sempiterno trabalho necessário fosse, nunca chegaríamos à felicidade. Por isso contentou-se o pio Senhor de que, só nesta vida, fugidia feito sombra, sofrêssemos nós, conforme nossas forças, em boas obras e na obediência a si. Assim, sem coração, sem mente nem conselho não são tanto as crianças, mas sim a juventude, que consome esta vida breve no ócio ou, o que é muito pior, pecando gravemente e provocando Deus à ira. Pois se "foi preciso que o Cristo sofresse e assim entrasse em sua glória" (Lc 24,26), como é que nós, brincando e perdendo nosso tempo a deleitar a carne, entraremos na glória alheia? Se fosse deveras obscuro o Evangelho e não se pudesse entender senão com grande trabalho, teríamos talvez alguma desculpa. Mas o Evangelho por aquele que o proclamou foi explicado da mais clara maneira pelo exemplo de sua própria vida, de modo que pudesse ser claro mesmo aos cegos. E não só pelo Cristo o temos explicado, mas tantos e preclaros comentários dele há, claros de sentido, quantos são os apóstolos, mártires, confessores, virgens, santos enfim, cujas proezas e triunfos celebramos como que dia a dia. Pois todos esses clamam, não que por muitos deleites, mas que "por muitas tribulações é que nos cumpre entrar no Reino dos Céus" (At 14,22).

CAPÍTULO III

Do segundo fruto da quarta palavra

Outro fruto – e assaz precioso esse – se pode colher de considerar o silêncio do Cristo ao longo daquelas três horas que correram da hora sexta à hora nona. Pois que fez – eu te pergunto, alma minha –, que fez o teu Senhor durante aquelas três horas? Horror e trevas tinham envolvido o mundo inteiro, e o teu Senhor não repousava num leito macio, mas na cruz pendia nu, cheio de dores, sem consolação alguma. Tu, Senhor, Tu que tão somente o sabes, instrui teus pequenos servos, para que entendam quanto te devem, e sofram contigo ao menos em suas lágrimas pias, e aprendam neste exílio, pelo teu amor, a carecer por vezes, se te apetecer, de toda consolação.

Eu, meu filho, jamais no decurso de toda minha vida mortal, que nada foi senão trabalho e dor, experimentei angústias maiores do que naquelas três horas; nem dores nunca suportei de melhor grado do que naquele mesmo espaço de tempo. Pois, então, devido à lassidão do corpo, as feridas sempre mais e mais se dilatavam e a violência da dor mais aumentava; então, devido à ausência mesma do sol, o frio mais intenso do ar aumentava-me no corpo a dor por toda parte. Então, as próprias trevas, que me furtavam a vista do céu e da terra e das demais coisas, de certo modo me coagiam a alma a só pensar em seus tormentos, de modo que, por um lado, aquelas três horas me pareciam ser três anos; mas, o desejo, que me ardia o peito, de honrar meu pai e obedecê-lo, e de obter a salvação de vossas almas, a ser tal que, quanto mais aumentava a dor do corpo, mais aquele fogo do desejo se mitigava, pareciam-me aquelas três horas, diante da grandeza do amor que havia de sentir, três só breves momentos do tempo.

Ó Senhor mais pio, se é esse o caso, somos deveras ingratos, nós a quem é gravoso despender uma só hora a pensar nessas dores tuas, quando a ti não te foi gravoso pender na cruz por três horas inteiras – com o horror das trevas, no frio e na nudez, com a sede mais ardente, nos mais acerbos suplícios –, para obter-nos a salvação. Mas, peço-te, amador dos homens, responde-me se a veemência das dores pôde fazer com que, naquele silêncio tão longo de três horas, o teu coração cessasse de orar. Pois nós, quando em tribulação, sobretudo se aos membros do corpo dor aguda aflige, não é sem grande esforço que conseguimos aplicar o ânimo à oração.

Eu não sou assim, filho, mas na carne enferma eu tinha pronto o espírito para orar. Na verdade, aquelas três horas inteiras, nas quais nada falei com a língua, eu consumi orando e clamando ao Pai por vós com a boca do coração. E não só orava com o coração, mas também com ferida e sangue. Quantas feridas havia no meu corpo – e eram muitas –, tantas eram as bocas clamando ao Pai por vós; e quantas gotas de sangue havia, tantas eram as línguas a pedir e implorar, do mesmo Pai, meu e vosso, misericórdia a vós.

Mas agora, Senhor, decerto confundes a impaciência do teu servo, o qual, se porventura se põe a orar cansado de trabalho ou agravado de dor, mal pode alçar a mente a Deus, a fim de que ore Deus por ele; ou bem se pela tua graça o faz, não pode reter a atenção por muito tempo sem defletir a mente ao seu trabalho e à sua dor. Comisera-te, Senhor, portanto, do teu servo, conforme a tua grande misericórdia, a fim de que, pelo exemplo da tua paciência, aprenda ele, por propósito tão grande, a seguir teus passos e a desdenhar, em oração ao menos, suas moléstias tão exíguas.

CAPÍTULO IV

Do terceiro fruto da quarta palavra

Quando o Senhor clamando na cruz disse: "Deus meu, por que me abandonaste?", não o disse porque deveras não soubesse a razão pela qual o abandonara Deus. Pois o que não saberia o que tudo sabe? Assim pois respondeu o Apóstolo Pedro ao Senhor quando interrogado: "Simão, filho de João, tu me amas?", disse: "De tudo sabes; Tu sabes que te amo" (Jo 21,17). E o Apóstolo Paulo falando do Cristo acrescenta: "Em quem estão todos os tesouros da sabedoria e da ciência" (Cl 2,3). Portanto não perguntou por aprender, mas para nos exortar a procurar, e para que, procurando e muitas coisas úteis encontrando, aprendêssemos também as necessárias. Por que então Deus abandonou seu filho entre os trabalhos e as dores mais acerbos? Ocorrem-me cinco razões, que trarei a público, para aos mais sábios dar ocasião de investigarem o melhor e o mais útil.

A razão primeira assim me parece ser a grandeza e abundância das ofensas do gênero humano contra Deus, as quais o filho tomou para expiar no próprio corpo. "Nossos pecados", diz São Pedro, "Ele próprio sofreu no corpo sobre o lenho, para que, mortos pelos pecados, vivamos para a justiça: por cuja ferida vos curastes" (1Pd 2,24). Ademais, a grandeza da ofensa que o Cristo tomou para destruir com a sua paixão é de certo modo infinita em razão da pessoa de infinita dignidade e excelência que foi ofendida, mas também a pessoa do pagador, que é o filho de Deus, é de infinita dignidade e excelência, e, por isso, qual fosse a pena de livre-vontade recebida pelo filho de Deus, mesmo se uma só gota de sangue tivesse sido, teria ela bastado ao pagamento. E também isto é verdadeiro: mas para que fosse copiosa a redenção, e porque não foi uma só a ofensa, mas algo como inumeráveis – pois não só o pecado primeiro de Adão, mas todos os pecados de todos os homens tomou sobre si o Cordeiro de Deus, que tira os pecados do mundo –, aprouve a Deus que carregasse o seu filho penas inumeráveis e as mais graves delas. Este é o sentido daquele abandono de que fala o Filho ao Pai: "Por que me abandonaste?" A segunda razão foi a grandeza e abundância das penas de Geena, as quais, a fim de nos fazer conhecidas, quis o Filho de Deus apagar com a imensa chuva das suas penas. Quão grandes são os incêndios da Geena, ensina-o o Profeta Isaías, que mostra serem de todo insuportáveis, quando diz: "Quem de vós poderá habitar com o fogo devorador? Quem habitará com as chamas sempiternas?" (Is 33,14). Graças, portanto, a Deus nós demos, de todo coração, o qual quis abandonar o seu filho unigênito entre as maiores dores temporariamente, para que nos libertasse a nós das chamas sempiternas. Graças também ao Cordeiro de Deus nós devolvamos, o qual preferiu ser por Deus abandonado sob o gládio assassino a nos abandonar sob os dentes da besta dos infernos, que sempre rói, e roendo nunca se sacia. A terceira razão é a grandeza do preço da graça divina, que é aquela pérola preciosa (Mt 13,45) que o Cristo, o mais sábio mercador, depois de vender tudo o que tinha, comprou e nos devolveu. A graça de Deus que nos fora dada em Adão e que, pecando Adão, perdemos, era pérola tão preciosa, que nos ornaria admiravelmente e nos faria a Deus gratíssimos, e seria penhor de felicidade eterna. Esta pérola, que era o suprassumo de nossas riquezas, a nós tirada pela astúcia da serpente, não havia quem a pudesse recuperar salvo o filho de Deus, que com a sua sabedoria venceu a malícia do diabo, com mui grave incômodo porém, expondo-se a si mesmo a trabalhos e dores muitos: venceu a piedade do Filho, que se cometeu ao mais laborioso dos caminhos e à mais molesta das peregrinações, para nos recuperar aquela pérola. A quarta causa foi a grandeza eminentíssima do Reino dos Céus, a entrada no qual nos abriu com seus trabalhos e dores o filho de Deus, de quem a Igreja canta com tão grato ânimo "Tu, vencido o ferrão da morte, abriste aos crentes o Reino do Céu". Agora, para vencer o ferrão da morte, teve que com ela lutar em prélio duríssimo, no qual prélio o Pai o abandonou para que Ele triunfasse glorioso. A quinta razão foi o amor imenso com que o filho buscava o Pai. Pois Ele desejava, na redenção do mundo e na abolição do pecado, satisfazer, o mais copiosa e cumuladamente, a honra do Pai eterno. E decerto isso não se poderia fazer, a não ser que o Pai abandonasse o Filho; isto é, que lhe permitisse sofrer todos os tormentos que podem pelo diabo ser excogitados e pelo homem suportados. Se alguém, portanto, perguntar por que Deus abandonou na cruz seu Filho a sofrer o mais extremo, poderá se responder que é para que apareçam a grandeza do pecado, a grandeza da Geena, a grandeza da graça divina, a grandeza da vida eterna e a grandeza do amor do Filho de Deus por seu Pai (cf. RUFINO. *História Eclesiástica*, 36). Dessas razões soluciona-se ainda outra questão, a saber, a de por que Deus a muitos dos mártires misturou o cálice da paixão com imensa quantidade de consolações espirituais, de modo que aqueles mártires preferiram o cálice da paixão com a mistura daquelas consolações a carecer do cálice da paixão e das consolações; e de por que permitiu que o seu filho mais dileto sem nenhuma consolação esvaziasse o cálice mais amargo, até as fezes, por assim dizer. A razão disto é que, nos santos mártires, tinha lugar nenhuma daquelas causas que enumeramos na paixão de Cristo.

CAPÍTULO V

Do quarto fruto da quarta palavra

Pode-se acrescentar ainda um quarto fruto, não tanto da quarta palavra em si mesma, quanto da circunstância de tempo em que foi dita; isto é, das trevas horrendas que muito de perto antecederam essa palavra. Decerto aquelas trevas são muitíssimo apropriadas para iluminar a gente dos hebreus e para confirmar os próprios cristãos na fé verdadeira, se quiserem aplicar seriamente o espírito ao poder de demonstração que, assim lhes propomos, delas se deduz. A demonstração pode colher-se sem qualquer embaraço de quatro verdades.

A primeira verdade é que, quando Cristo foi crucificado, o sol escureceu totalmente, para que se avistassem no céu as estrelas, como se costuma avistá-las de noite. Isso é verdade para cinco testemunhas das mais fidedignas, que pertenciam a nações diversas e estavam em lugares diferentes quando escreveram seus livros, de modo que não podiam escrever os fatos por cotejo ou acordo entre si. A primeira é São Mateus (Mt 27,45), hebreu que escreveu na Judeia e foi um dos que viu o sol escurecer. Decerto esse varão grave e prudente jamais teria escrito isso na Judeia e, como é de crer, na própria cidade de Jerusalém, se não fosse verdadeiro o que escreveu, porque, caso contrário, poderiam tê-lo repreendido e rido dele todos os habitantes daquela cidade e região, se tivesse escrito o que todos sabiam ser de todo falso. A segunda testemunha é São Marcos (Mc 16,33), que escreveu em Roma e viu ele próprio aquele eclipse, pois então estava na Judeia com outros discípulos do Senhor. A terceira é São Lucas (Lc 23,44), que era grego e escreveu na Grécia, e viu também ele próprio o eclipse de Antioquia, na sua pátria. Pois, se o viu São Dionísio Areopagita em Heliópolis no Egito, com ainda mais facilidade o pôde ver São Lucas de Antioquia, que é mais vizinha de Jerusalém do que Heliópolis. A quarta testemunha e a quinta são Dionísio e Apolófanes, os quais eram gregos, gentios naquele tempo, e em diversas palavras atestam ter visto o eclipse e tê-lo contemplado com a maior admiração. Eis as cinco testemunhas que o atestam de sua própria vista. Ajuntam-se a eles os Anais dos antigos romanos e Flégon, o cronista do Imperador Adriano, como ensinamos acima, no primeiro capítulo. Assim sendo, a primeira verdade não se pode negar nem pelos judeus nem pelos pagãos senão com imensa temeridade. Pois entre os cristãos esta verdade diz respeito à fé católica.

A segunda verdade é que o eclipse predito não pode ter ocorrido senão pela onipotência de Deus, e que, por isso, não pode ter sido realizado pelos demônios nem pelos homens com a ajuda dos demônios, mas foi sim originado da providência e da vontade especiais de Deus, criador e governador do mundo. Esta verdade demonstra-se por esta razão: porque não pode o sol eclipsar-se senão de três modos, ou pela interposição da lua entre o sol e a terra, ou por alguma nuvem mui imensa e muito densa, ou pela retração dos raios do sol, sem se extinguirem. No primeiro caso, não podia aquela interposição ter ocorrido naturalmente, porque, sendo então Páscoa entre os judeus, a lua se achava oposta ao sol, daí que seria necessário que aquele eclipse tivesse ocorrido ou sem interposição da lua, ou que, pelo maior e mais inusitado milagre, a lua em poucas horas tivesse cumprido o trajeto que viria a cumprir em catorze dias e, em seguida, por semelhante milagre, tivesse retrocedido com tamanha velocidade que no espaço de três horas completasse de novo o mesmo trajeto de catorze dias. O que diz respeito às esferas celestes está fora de controvérsia que só pode ser feito por Deus. Pois não têm os demônios qualquer poder abaixo da lua. É por isso que o Apóstolo chama o demônio de "príncipe do poder deste ar" (Ef 2,2). No segundo caso, não podia ter ocorrido aquele eclipse do sol, porque, como dissemos acima, uma nuvem densa e grossa não nos pode surripiar a visão do sol sem que também nos furte a visão das estrelas. No entanto, sabe-se pelo testemunho de Flégon que, ao eclipsar-se o sol na paixão do Cristo, foram vistas no céu as estrelas tão claramente como as vemos de noite. No terceiro caso, enfim, é mais do que sabido que os raios do sol não podem ser retraídos nem extintos senão por Deus, que criou o sol. Portanto, a segunda verdade não é menos certa que a primeira, nem se pode negá-la com temeridade menor do que a que nega a primeira.

A terceira verdade é que aquelas trevas de que ora tratamos se originaram por causa da crucificação do Cristo e foram causadas pela divina providência. Esta verdade pode ser demonstrada pelo fato de que aquelas trevas perseveraram no ar por quanto tempo pendeu vivo na cruz o Cristo Senhor; isto é, da hora sexta à hora nona. Atestam-no quantos se lembram desse eclipse. Ademais, não pode ter ocorrido por acaso que trevas cheias de milagres coincidissem com a paixão do Cristo. Pois o que acontece por milagre não é por acaso que acontece, e sim pela providência divina. Nem sei de autor que pôde atribuir a esse milagre tão admirável uma causa outra. Pois os que conhecem o Cristo, confessaram que aquele eclipse por causa dele é que foi feito; já os que não conhecem o Cristo, tendo confessado a sua ignorância, permaneceram admirados.

A quarta verdade é que aquelas trevas tão prodigiosas não podiam indicar outra coisa senão que a sentença de Caifás e Pilatos tinha sido totalmente injusta, e que

Jesus era o verdadeiro e próprio filho de Deus, o verdadeiro Messias prometido aos judeus. Pois essa foi a principal razão de os judeus pedirem que o Cristo fosse levado à morte. Pois, no concílio dos pontífices, sacerdotes, escribas e fariseus, ao ver o pontífice que os testemunhos contra Cristo nada provavam, levanta-se e diz: "Adjuro-te pelo Deus vivo que nos digas se tu és o Cristo, filho de Deus" (Mt 26,63). Ao que consente, porém, o Senhor, e confessa sê-lo. O pontífice "rasgou suas roupas", dizendo: "Ele blasfemou; o que até agora fizemos às testemunhas? Eis que agora ouvistes a blasfêmia, que vos parece? E eles disseram em resposta: está condenado à morte". E depois disso, diante de Pilatos, que desejava livrar o Senhor da morte, disseram os pontífices e ministros: "Nós temos a lei, e segundo a lei Ele deve morrer, porque se fez a si filho de Deus" (Jo 19,7). Esta foi, portanto, a razão principal de o Senhor ter sido condenado à cruz. O que tinha predito o Profeta Daniel, quando disse: "Será morto o Cristo, e não o será o seu povo que o negará" (Dn 9,26). E esta mesma foi a causa por que Deus, na paixão do Cristo, derramou no mundo aquelas trevas horrendas, por que atestasse o mais claramente terem errado os pontífices, ter errado o povo, ter errado Pilatos, ter errado Herodes; e aquele que pendia da cruz, por que atestasse ser Ele o verdadeiro filho seu e o Messias prometido. Foi isso o que clamou o centurião ao dar-se conta dos sinais no céu: "Em verdade, era Ele o filho de Deus" (Mt 27,54); e, novamente, "Em verdade, este homem era justo" (Lc 23,47), pois reconheceu o centurião que aqueles sinais no céu eram como que a voz de Deus, que retratava a sentença de Caifás e Pilatos e afirmava que aquele homem tinha sido levado à morte à revelia de todo direito, uma vez que é o autor da vida, o verdadeiro Filho de Deus e o Cristo prometido na Lei. Pois que podia Deus querer dizer com aquelas trevas, junto com a ruptura das pedras e do véu do Santuário, senão que já se tinha afastado do povo outrora seu e que se irritara com a máxima iracúndia, porque "não reconheceram o momento da sua visita", como lhes predisse claramente o Senhor em Lucas?

Decerto, se os judeus considerassem essas coisas, e ao mesmo tempo observassem que foi desde aquele tempo que se dispersaram por várias nações, e que não têm mais reis nem pontífices nem altares nem sacrifícios nem milagres divinos nem oráculos dos profetas, claramente entenderiam que por Deus foram abandonados e, o que é muito mais desgraçado, que foram dados, em mau sentido, e que neles agora se cumpre o que predisse Isaías havia de acontecer, quando introduz o Senhor a dizer: "Vai, e dirás a este povo: Ouvi com os ouvidos, e não entendais; vede a visão, e não conheçais. Cega o coração do povo, tapa-lhe os ouvidos e fecha-lhe os olhos, para que não veja com os olhos nem ouça com os ouvidos nem entenda com o coração, e se converta e eu o cure" (Is 6,9).

CAPÍTULO VI

Do quinto fruto da quarta palavra

Nas primeiras três palavras recomendou-nos o nosso mestre, o Cristo, três exímias virtudes: amor aos inimigos, misericórdia aos desgraçados e piedade para com os pais. Nas quatro palavras seguintes recomenda quatro virtudes, decerto não mais excelsas, mas a nós não menos necessárias: a humildade, a paciência, a perseverança e a obediência. E por certo a humildade, que se pode chamar propriamente a virtude do Cristo, ainda que dela não se faça qualquer menção nos escritos dos sábios deste mundo, ao longo de toda a sua vida Ele a mostra em si mesma e por seus atos. E, além disso, em palavras eloquentes confessou-se o mestre dessa virtude, quando diz: "Aprendei de mim porque sou brando e de coração humilde" (Mt 11,29). Porém jamais tão claramente nos recomendou essa virtude – junto com a paciência, que não se pode separar da humildade –, do que quando diz "Deus meu, Deus meu, por que me abandonaste?", pois com estas palavras Cristo mostra, com a permissão de Deus, toda a sua glória e excelência, escurecidas à visão dos homens, o que também demonstravam aquelas trevas. Com efeito, não poderia o Senhor, sem exímias humildade e paciência, tolerar escuridão tamanha.

A glória do Cristo, de que fala São João no princípio do Evangelho, quando diz "Vimos a glória, a glória do filho como que unigênito do Pai, cheio de graça e de verdade" (Jo 1,14), estava ela depositada no seu poder, sabedoria, probidade, régia majestade, beatitude de alma e divina dignidade, os quais possui como verdadeiro e natural filho de Deus. A tudo isso a paixão escureceu, e aquelas palavras significam essa escuridão: "Deus meu, Deus meu, por que me abandonaste?" A paixão escureceu o poder, porque, pregado à cruz, parecia poder mesmo nada, e por isso os altos sacerdotes, os soldados e mesmo o próprio ladrão exprobravam-lhe sua impotência, dizendo-lhe: "Se és o Cristo, desce da cruz!" (Mt 27,40) e "Salvou os outros, mas não pode salvar a si mesmo" (Mt 27,42). Quanta paciência, quanta humildade lhe foi necessária para que nada lhes respondesse aquele que é deveras onipotente! A paixão escureceu a sabedoria, quando diante dos altos sacerdotes, diante de Herodes e de Pilatos, como se privado fosse de todo senso, às muitas perguntas nada respondesse, sendo por isso, em suas vestes brancas, tratado por Herodes e por seu exército com menoscabo. Quanta humanidade e quanta paciência lhe eram necessárias para tolerar essas coisas, a Ele que não só era mais sábio do que Salomão, mas era a própria sabedoria de Deus! A paixão escureceu a probidade da vida, uma vez que pregado à cruz pendia no meio de ladrões, como se um corruptor de povos fosse e usurpador do reino alheio. E essa glória da sua inocência, parecia ainda escurecê-la o abandono por Deus, que Ele mesmo confessava, dizendo: "Por que me abandonaste?" Pois Deus não aos homens probos é que costuma abandonar, mas aos ímprobos. Decerto todos os soberbos muito se acautelam de nada dizer do que possam aqueles que os ouvem suspeitar que confessam eles mesmos alguma indignidade sua. Já os humildes e os pacientes, um dos quais foi o Cristo Rei, de bom grado agarram toda ocasião de humildade e paciência, contanto que nada digam de falso. Portanto quanta humildade, quanta paciência lhe foi necessária para tolerar essas coisas, àquele de quem diz o Apóstolo: "Assim Ele nos convinha porque tinha sido pontífice, santo, inocente, impoluto, segregado dos pecadores e feito mais excelso no céu" (Hb 7,26). Ainda a paixão escureceu a sua régia majestade, que no lugar do diadema de ouro lhe deu coroa de espinhos, no lugar do cetro, um cajado, no lugar da tribuna, o cadafalso, e pela real comitiva, aqueles dois ladrões. Quanta humildade, portanto, quanta paciência lhe foi necessária, a Ele que era verdadeiramente o Rei dos reis e o Senhor dos senhores, e o príncipe dos reis da terra! (Ap 1,5). Que posso dizer agora da beatitude da alma que em verdade teve o Cristo desde a sua conceição, a qual, se o quisesse, teria podido derramar no próprio corpo? Quão violentamente a paixão escureceu essa glória, quando o fez "varão de dores e ciente da sua fraqueza, desprezado, o último dos homens", conforme Isaías (Is 53,3), quando Ele mesmo clama diante da magnitude da paixão: "Deus meu, por que me abandonaste?" Enfim, a paixão de tal maneira escureceu a supremamente excelsa dignidade da divinal pessoa, que aquele que se senta não só acima dos homens, mas acima dos anjos, dirá: "Mas eu sou verme, e não homem, a vergonha dos homens e a abjeção da plebe" (Sl 21,7).

A tal lugar, portanto, na paixão desceu o Cristo; mas este seu descenso foi grande mérito e exaltação. Pois aquilo mesmo que o Senhor prometeu pela palavra tão frequentemente, dizendo: "Todo aquele que se humilha será exaltado" (Lc 14,11; 18,14), atesta o Apóstolo que se cumpriu na própria pessoa dele, ao dizer: "Humilhou-se a si mesmo, tendo-se tornado obediente até a morte, a morte na cruz. Pelo que Deus o exaltou e lhe deu o nome que está sobre todo nome, para que em nome de Jesus se dobre todo joelho, o dos do céu, dos da terra e dos infernos" (Fl 2,8). Assim quem foi o último foi declarado o primeiro; e a humilhação foi brevíssima e como que momentânea, ao passo que a exaltação, eterna. O mesmo vemos que aconteceu aos apóstolos e a todos os santos.

Pois os apóstolos, escreve São Paulo, foram "como que as imundícies deste mundo, e as impurezas de todas as coisas" (1Cor 4,13); isto é, as coisas mais vis que são por todos rejeitadas e desdenhadas. Esta foi a humildade dos apóstolos. Mas qual foi sua exaltação? Ensina-a São João Crisóstomo, quando diz que os apóstolos se sentam no céu agora junto ao próprio trono de Deus, onde os querubins glorificam a Deus, onde voam os serafins; isto é, que têm o seu lugar junto dos príncipes do Reino dos Céus, de qual lugar jamais cairão. Os homens, se considerassem atentamente quão honroso seja imitar aqui na terra a humildade do filho de Deus, e ao mesmo tempo conseguissem suspeitar quão grande é a exaltação a que a própria humildade conduz, decerto encontraríamos pouquíssimos soberbos. No entanto, dado que quase tudo se mede com os sentidos da carne e pela inteligência humana, não admira que na terra é rara a humildade e infinito o número dos soberbos.

CAPÍTULO VII

Da quinta palavra, "Tenho sede" (Jo 19,18), explicada à letra

Segue-se a quinta palavra, que se acha em São João e é de fato uma só palavra; a saber, *sitio* (tenho sede). Mas para entendê-la é preciso ajuntar-lhe as palavras do evangelista que vêm antes e depois dela. Pois assim diz São João: "Em seguida, sabendo Jesus que tudo se havia consumado, de modo que se confirmava a Escritura, disse 'Tenho sede'. Havia ali um vaso cheio de vinagre. Eles então meteram uma esponja embebida de vinagre num caule de hissopo e levaram-na à sua boca" (Jo 19,29). O sentido dessas palavras é: o nosso Senhor quis cumprir tudo o que os profetas, cheios do Espírito Santo, tinham de antemão sabido e predito sobre a sua vida e morte. E, uma vez que, cumpridas todas as outras coisas, uma ainda restava, provar do vinagre em sua sede, conforme o Sl 68, "Na minha sede, me deram de beber vinagre", disse em clara voz: "Tenho sede". E os que ali estavam levaram à sua boca uma esponja embebida de vinagre metida num caule. Assim, disse o nosso Senhor "Tenho sede", para que se cumprisse a Escritura. Mas por que para que se cumprisse a Escritura? Por que antes não disse "Tenho sede" porque de fato tinha sede e a desejava extinguir? Ora, não predissera o profeta, a fim de que se realizasse o que predisse, mas predissera, porque previra o futuro; e predissera o futuro, porque aquilo era de acontecer, mesmo se não o tivesse predito. E assim, a previsão, ou predição, não é ela a causa da coisa futura, e sim é a coisa futura a causa mesma de que pode ser predita. Nesse passo um grande mistério se revela. Pois em verdade o Senhor sofreu a mais grave sede desde o início da crucificação, e cresceu aquela sede sempre mais e mais, que veio a ser um dos maiores tormentos que o Senhor passou na cruz. Com efeito, a perda de grande quantidade de sangue exaure e provoca sede. Conheci uma pessoa que, lesada de muitas feridas, das quais escorria grande quantidade de sangue, desejava beber e mais nada, como se de nenhum outro mal sofresse, exceto da sede mais ardente. O mesmo se lê na *Vida de Santo Emeramo Mártir* (cf. *Superium ad diem*, 22/09), o qual, atado a um poste e lesado de muitos ferimentos, só se queixava de sede. Cristo, portanto, que, depois de muita fadiga, suara no açoite muito sangue e, mais tarde, crucificado, teve abertas no seu corpo como quatro fontes, donde já por longo tempo grande cópia de sangue escorrera, como pode que não se atormentasse pela sede mais ardente? E, no entanto, aquele longo tormento Ele encerrara em silêncio e teria podido ocultá-lo até a morte, a qual já lhe batia à porta. Por que então acobertou tão imane tormento e às portas da morte, manifestando-o, diz "Tenho sede", senão porque era a vontade de Deus que nós todos soubéssemos que esse novo gênero de tormento não faltaria ao Cristo? E por isso o mesmo quis o Pai celestial se predissesse pelo profeta na pessoa de Cristo; e inspirou ao próprio Senhor Jesus Cristo dar a conhecer aos seus fiéis, por exemplo de paciência, aquele novo tormento e tão acerbo. Logo disse "Tenho sede" – isto é, "à minha carne já falta todo líquido: estão secas as veias, seca a língua, seco o céu da minha boca e as mandíbulas, seco tudo por dentro; se alguém quiser me revigorar, ofereça-me o de beber".

Ouçamos agora o que lhe ofereceram de beber os que estavam junto à cruz: "Havia ali um vaso cheio de vinagre. Eles então meteram uma esponja embebida de vinagre num caule de hissopo e levaram-na à sua boca". Que consolação, que alívio! Havia ali um vaso cheio de vinagre, que mal faz às feridas e costuma acelerar a morte, e por isso era mantido ali, para acelerar a morte aos crucificados. Decerto assim escreve São Cirilo sobre esse passo: "No lugar de bebida auxiliadora e prazerosa ofereceram-lhe nociva e azeda" (*Lib.*, 22.6.35). E isso é de crer, porque escreve São Lucas no Evangelho: "Mas caçoavam dele os soldados aproximando-se e oferecendo--lhe vinagre" (Lc 23,36). Embora São Lucas o tenha escrito acerca do Cristo recém-crucificado, é de crer no entanto que os mesmos soldados, quando o acudiram que clamasse "Tenho sede", lhe tenham dado vinagre numa esponja presa a um caule, o que antes lhe haviam oferecido caçoando dele. Eis a suma: assim como no início, pouco antes da crucificação, ofereceram-lhe vinho misturado com fel, da mesma maneira, ao deixar a vida, ofereceram-lhe vinagre nocivo às suas feridas, de modo que, do princípio ao fim, toda a paixão do Cristo foi paixão pura e simples, sem a mistura de consolação alguma.

CAPÍTULO VIII

Do primeiro fruto da quinta palavra

As Escrituras do Antigo Testamento comumente soem aclarar-se pelas Escrituras do Novo Testamento. Mas no que tange ao mistério da sede do Senhor, pode-se tomar as palavras do Sl 68 por comentário do Evangelho. Com efeito, no Evangelho não está de todo claro se os que ofereceram vinagre a Cristo quando teve sede o fizeram para favorecê-lo ou para mais afligi-lo; isto é, se por amor ou por ódio. Nós, junto com São Cirilo, entendemos para o mal a ação dos que lhe deram de beber vinagre ao Cristo quando teve sede. As palavras do Salmo, porém, são mais claras, a não exigir explicação; e delas colheremos este fruto, o de aprender a ter sede, junto com o Cristo, pelas coisas de que verdadeira e salutarmente se deve ter sede delas. Estas são as palavras do profeta: "Esperei por quem se contristasse, e não houve; por quem me consolasse, e não encontrei. Deram-me de comer o fel, e, em minha sede, deram-me de beber vinagre" (Sl 68,21). E assim, os que, pouco antes de ser crucificado, deram ao Cristo Senhor vinho misturado com fel e que, o Senhor crucificado, lhe ofereceram vinagre, eram daqueles de quem se queixa quando diz: "Esperei por quem se contristasse, e não houve; por quem me consolasse, e não encontrei. Deram-me de comer o fel, e, em minha sede, deram-me de beber vinagre".

Mas poderia alguém perguntar se a Santíssima Virgem, mãe do Senhor, e a irmã de sua mãe, Maria de Cléofas, e Maria Madalena, estando junto à cruz com o Apóstolo João, se verdadeiramente e do fundo do coração se contristavam. Ora, aquelas mulheres que seguiam o Senhor ao monte do calvário, chorando-o, acaso também não se contristavam junto com Ele? Enfim, não se contristavam todos os apóstolos no momento da paixão, uma vez que Cristo lhes havia predito: "O mundo regozijar-se-á; já vós haveis de contristar-vos"? (Jo 16,20) Contristavam-se inteiramente todos eles, e a sério contristavam-se. Porém não se contristavam junto com o Senhor, porque não era a mesma a causa ou a razão da tristeza neles e no Cristo. O Senhor diz, pois: "Esperei por quem se contristasse, e não houve; por quem me consolasse, e não encontrei". Contristavam-se aqueles pela paixão e morte do Cristo corpóreo; contristava-se este não por isso, salvo por um breve momento, quando no jardim, para mostrar-se verdadeiramente homem. De fato dizia: "Tenho desejado ardentemente comer convosco esta páscoa antes da paixão" (Lc 22,15); e também: "Se me amásseis, estaríeis por certo em regozijo, porque parto para o Pai". Portanto, qual era para o Senhor a causa da sua tristeza, pela qual não encontrou quem com Ele se contristasse? A perdição das almas pelas quais sofria. E qual era a causa da consolação, na qual não encontrou quem o consolasse, senão a salvação das almas, pela qual tinha sede? Esta única consolação queria, anelava-a, tinha fome dela, sede dela, mas o que se lhe deu de comer foi fel, de beber, vinagre. Ora, o amargor do fel significa os pecados, de que nada é mais amargo para quem tem o sentido do paladar não imperfeito ou prejudicado; o azedume ou acidez do vinagre significa a obstinação no pecado. Por isso com razão o Cristo contristava-se, porque via que, por um único ladrão convertido, não só um segundo ladrão tinha permanecido na obstinação, mas que muitos outros obstinados tal e qual permaneciam, e que dentre os próprios apóstolos fora a quase todos ocasião de escândalo, e Pedro o negara, e Judas dele desesperara.

O Cristo na cruz – esfaimado, sedento e, por isso, deveras triste e dolorido –, se alguém o quiser consolar e reavivar, que primeiro se ofereça a si mesmo como penitente e abominador dos próprios pecados; em seguida conceba junto com o Cristo em seu coração grande tristeza de que tamanha multidão de almas pereça todos os dias, quando poderiam todos os homens salvar-se, se quisessem pagar o preço da redenção. Em verdade, o Apóstolo Paulo era um dos que se contristavam junto com o Cristo, quando diz, na Epístola aos Romanos: "Eu digo a verdade no Cristo, não minto, porque é grande a minha tristeza e contínua a dor no meu coração. Pois eu mesmo desejava ser anátema, separado do Cristo, pelos meus irmãos, que são meus parentes segundo a carne, que são israelitas, de quem é própria a adoção de filhos etc." (Rm 9,1). Não podia o Apóstolo mais amplificar o seu desejo pela salvação das almas que por tal exagero: "Desejava ser anátema, separado do Cristo". Ele quer pois dizer, na opinião de São João Crisóstomo, em *Da contrição do corpo* (*De compunctione corporis*, 1.9) e na Epístola aos Romanos, que se contrista com tanta veemência pela danação dos judeus, que se possível fosse, desejaria separar-se a si mesmo do Cristo em prol do Cristo; decerto não desejava separar-se do amor do Cristo, acerca do qual pouco antes dissera: "Quem nos haverá de separar do amor do Cristo?", e sim da glória do Cristo, preferindo privar-se ele da glória celestial a privar-se o Cristo do fruto da sua paixão, tão grande quanto aparecia na conversão de muitos milhares de judeus. Ele, portanto, deveras contristava-se com o Cristo e lhe consolava a dor ao Cristo – porém tem hoje poucos imitadores. Pois, em primeiro lugar, não poucos são os pastores de almas que se mais contristam se veem diminuir, ou ainda perder-se, os proventos de suas igrejas, do que se vejam perecer grande número de almas pela sua própria ausência ou negligência. "Mais pacientemente", diz São Bernardo de Claraval, falando dos bispos, "suportamos o prejuízo do Cristo do que o nosso. As despesas cotidianas reciprocamos com cotidiano escrutínio, mas desconhecemos os prejuízos contínuos do rebanho do Senhor" (*De consideratione*, 4.9). Não deve bastar ao prelado, se vive piamente e faz por imitar em privado as virtudes do Cristo, nada menos que fazer pios também aos seus súditos, ou antes seus filhos, e conduzi-los pelos passos de Cristo à vida eterna. Por isso, se desejam compadecer-se do Cristo, contristar-se com Ele e consolar-lhe as dores, que velem pelo seu rebanho, não lhe recusem seus ouvidos, dirijam-lhe a palavra, precedam-no no exemplo.

Mas também pode o Cristo com razão queixar-se dos homens privados, de se não contristarem com Ele nem lhe consolarem a sua dor. Mesmo quando pendia da cruz, com razão queixava-se da perfídia e obstinação dos judeus, por quem via desprezados o seu trabalho e sua dor tamanha, e rejeitada, como se por frenéticos, o tão precioso remédio do seu sangue. Que pode Ele dizer neste momento, quando não mais da cruz vê, mas vê do céu que aqueles que nele creem, ou se dizem crer, não fazem caso da sua paixão, desdenham o seu sangue, e tão só fel e vinagre lhe oferecem – isto é, sem consideração do juízo divino – e sem medo da Geena multiplicam os seus pecados? "Há regozijo no céu por um só pecador que se arrepende" (Lc 15,10). No entanto, se pouco depois aquele que parecia renascido no Cristo pela fé e pelo batismo, e que parecia chamado da morte de volta à vida pela penitência, morre pecando novamente, o regozijo acaso não se converte em tristeza? E o leite em fel? E o vinho não se converte em vinagre? Decerto "A mulher que, quando pare, sente tristeza", se o filho pare vivo, "já não se lembra da aflição, porque nasceu no mundo um homem" (Jo 16,21), mas a criança se, porventura, em seguida morra, ou mesmo nasça morta, não se retorcerá ela de redobrada dor? Assim também muitos sofrem de confessar os pecados; talvez mesmo em jejum e de esmolas não passem sem sofrimento. Mas, já que não alcançam indulgência por consciência errônea ou reprovável ignorância, não sofrem eles ao parir e, no entanto, fazem aborto, e não são eles próprios causa de redobrado pesar a si mesmo e aos seus pastores? São semelhantes homens tais ao varão doente que, com o remédio tão amargo pelo qual esperava restabelecer-se, acelera para si a morte; o lavrador que, depois de muitos esforços consumidos na vinha ou no cultivo do campo, perde com inesperada chuva de granizo os seus proventos todos; isto é, todos os seus esforços. Estes são, portanto, os males que se deve destruir, e aquele que se desvia deles e se contrista deles, ele contrista-se com o Cristo na cruz; e quando trabalha com suas forças para expulsar esses males, ele consola milagrosamente os trabalhos e dores de Cristo, que sofre na cruz; e com o Cristo, que então se regozija no céu, ele se regozijará, e com o Cristo que reina, reinará.

CAPÍTULO IX

Do segundo fruto da quinta palavra

Outra consideração – e não pouco útil – me ocorre ao que considero atentamente a sede do Cristo penso na cruz. Pois parece-me que o Senhor tenha dito "Tenho sede" naquele sentido em que disse à mulher de Samaria: "Dá-me de beber". Pois pouco depois, quando revela o mistério de sua palavra, ajunta, "Se conhecesses o dom de Deus e quem é que te disse "Dá-me de beber", tu talvez lhe pedisses, e Ele te daria, água viva" (Jo 4,7-10). Pois como teria sede aquele que é a fonte de água viva? Acaso não falava de si quando no Evangelho dizia: "Se alguém tem sede, que venha a mim e beba"? (Jo 7,37). E não é Ele próprio aquela pedra de que fala o Apóstolo aos coríntios: "Bebiam da pedra que os seguia, e a pedra era o Cristo" (1Cor 10,4). Enfim, não é Ele mesmo quem fala aos judeus por Jeremias: "Abandonaram-me, fonte de água viva, e para si cavaram cisternas dispersas, que não logram conter as águas"? (Jr 2,13). Parece-me, portanto, que vejo o Senhor na cruz como se no alto duma atalaia Ele estivesse, olhando o orbe das terras cheio de homens sedentos e da sede abatidos; e que, por ocasião de sua sede corpórea, o mesmo Senhor, comiserado daquela sede comum do gênero humano, clamou "Tenho sede" – isto é, deveras sim eu tenho sede, por exauridos já e ressecados os humores do meu corpo –, mas esta sede num instante passará; mais sede eu tenho de que os homens pela fé comecem a conhecer que sou eu a verdadeira fonte de água viva, e venham a mim, e bebam, e depois não tenham mais sede eternamente.

Oh, feliz de nós, se de mui atento coração ouvíssemos esta convocação do Verbo encarnado! Pois não anseiam todos os homens, com a sede ardente e insaciável da concupiscência, beber das águas escorregadias e turvas das coisas transitórias e passageiras, que vulgarmente são chamados bens, dinheiros, honras, prazeres? Bebendo alguma vez dessa água, quem é que mais não teve sede? Ouvindo alguma vez o mestre Cristo, quem é que começa a saborear a água viva da sabedoria celestial e do amor divino, sem que, extinta imediatamente a sede das coisas terrenas, comece a respirar na esperança da vida eterna, e, deposto o mordaz cuidado de adquirir e acumular o que é da terra, comece a desejar e ter sede do que é do céu? Essa água viva, que não sobe da terra, mas desce do céu, a qual nos dará o Senhor, fonte de água viva, se lhe pedirmos com as preces mais ardentes e não sem uma fonte de lágrimas, ela não só nos matará a sede das coisas terrenas, mas também nos servirá de alimento e bebida infalíveis por todo o tempo da nossa peregrinação. Pois assim diz o Profeta Isaías: "Todos os que têm sede vinde às águas". E para que porventura não penses que é simples água, que se compra a alto preço, ele ajunta, dizendo: "Apressai-vos, vinde e comprai – sem prata, sem qualquer permuta – vinho e leite" (Is 55,1). Diz que se compre a água, porque ela não é de adquirir sem algum esforço – isto é, sem algum próprio dispor; porém, não com prata e com qualquer permuta, porque se dá de graça, nem se poderia achar-lhe preço igual; e o que pouco antes chamara água, agora chama vinho e leite, porque é coisa da mais preciosa aquela que compreende ao mesmo tempo a virtude ou perfeição da água, do vinho e do leite.

Estes são a sabedoria e o amor verdadeiros, que se chamam água, porque refrescam o ardor da concupiscência; vinho, porque acalentam e inebriam a mente da mais sóbria ebriedade; leite, porque nutrem de doce alimento sobretudo recém-nascidos no Cristo, conforme aquele passo do Apóstolo Pedro: "Tal como recém-nascidos, ansiai pelo leite" (1Pd 2,1). Estes são a sabedoria e o amor verdadeiros, contrários à concupiscência da carne; são aquele "Jugo suave e leve fardo" (Mt 11,30), quem aceita os quais de bom grado e humildemente encontrará repouso verdadeiro e sólido para a sua alma, de modo que não mais tenha sede nem necessidade de beber da água de poços terrenos. Esse dulcíssimo repouso das almas esvaziou os desertos, encheu os mosteiros, reformou o clero; mesmo os que já se tinham casado chamou de volta à não exígua moderação. Sabe-se que o palácio do Imperador Teodósio II se assemelhava a um grande mosteiro (*Soc.,* 7.22); e a casa do Conde Eleazar apresentava a forma de um pequeno mosteiro (cf. *Sur.,* t. 5, 27/09). Nesses lugares não se ouviam quaisquer discussões ou contendas, mas ressoavam mui frequentemente os Salmos e cânticos sagrados. Tudo isso devemos ao Cristo, que com a sua sede extinguiu a nossa e como fonte viva irrigou com as águas que dele emanavam continuamente os campos dos nossos corações, do modo que não temam a secura, a não ser que da mesma fonte os nossos coroações – o que não aconteça! – se afastem por instigação do inimigo.

CAPÍTULO X

Do terceiro fruto da quinta palavra

O terceiro fruto que se pode colher da quinta palavra é a imitação da paciência do Filho de Deus. Pois embora na quarta palavra se tenha com a paciência esclarecido a humildade, na quinta palavra, assim como no próprio lugar, parece refulgir tão só e sumamente a paciência do Cristo. Ora, a paciência não é só uma dentre as virtudes maiores, mas é também, para além de todas as demais, deveras necessária. Pois diz assim São Cipriano: "Não encontro entre as demais vias da disciplina celestial coisa que mais seja útil à vida, ou maior para a glória, do que nós, que nos estribamos nos preceitos do Senhor por obediência ao temor e à devoção, guardarmos com todo cuidado e maximamente a paciência" (*Sermo de bono patientiae*). Porém, antes de dizermos algo da necessidade da paciência, é preciso distinguir a paciência verdadeira da falsa. A verdadeira paciência é aquela que ordena tolerar os males da pena, para que não se seja obrigado a perpetrar os males da culpa (cf. Santo Agostinho. *De patientia*, 1, 2, 3). Tal foi a paciência dos mártires, que preferiram sofrer os tormentos dos carnífices a renegar a fé de Cristo; e preferiram perder todos os bens a prestar culto a falsos deuses. Já a paciência falsa é aquela que persuade a tolerar todos os males, para que se seja obediente à lei da concupiscência; e a perder os bens sempiternos, para que se conservem os temporais. Tal é a paciência dos mártires do diabo, que toleram facilmente a fome e a sede, o frio e o calor, a perda do bom nome e, o que é mais admirável, do Reino dos Céus, para aumentar suas riquezas, satisfazer a concupiscência da carne ou ascender nos degraus das honras.

A paciência verdadeira, por seu turno, tem de próprio o completar e conservar a todas as demais virtudes, e é isto o que prega São Tiago nos seus louvores à paciência quando diz: "A paciência é obra perfeita, tal como a sede do que é perfeito e do que é íntegro, que não faltam a ninguém" (Tg 1,4). Pois as demais virtudes, sem a paciência, não podem subsistir por muito tempo, em razão das dificuldades que se acham nas suas ações. Mas quando têm por companheira a paciência, superam facilmente todas as dificuldades. Pois a paciência converte o torto em direito, o árduo em planos caminhos. E isto é tão verdadeiro, que diz São Cipriano, mesmo da própria rainha das virtudes, o amor, "O amor é o vínculo de fraternidade, o fundamento da paz, a tenacidade e firmeza da unidade; é maior que a esperança e que a fé e precede os martírios; o qual amor sempre conosco, permanecerá eternamente junto a Deus nos reinos celestes. Tira-lhe a paciência e, desolado, ele não perdura; tira-lhe a substância do suster e do tolerar e ele persevera sem raízes e forças" (*Sermo de Patientia*). O mesmo facilmente prova Cipriano acerca da castidade, da justiça e da paz com estas palavras: "Se é forte e estável no coração a paciência, nem pelo adultério se polui o corpo santificado e templo de Deus, nem a inocência dedicada à justiça se infecta pelo contágio da fraude, nem a mão, depois de experimentada a Eucaristia, pelo gládio e pelo sangue se macula". Isto ele disse, querendo dizer, pelo oposto, que, sem a paciência, nem a castidade pode resistir ao adultério, nem a justiça, estar livre de fraude, nem a Eucaristia recebida, livrar do homicídio.

Isso que escreve São Tiago da virtude da paciência, noutras palavras ensinam-no o Profeta Davi, o próprio Senhor e um dos apóstolos. Davi no Salmo nono diz: "A paciência do pobre não perecerá no fim", porque decerto ela é obra perfeita e pelo fruto dela ele nunca definhará. Ora, diz-se que a paciência não perece, porque o fruto dela e seu favor sempre permanecerão, tal como soemos dizer que os trabalhos do lavrador perecem quando não dão fruto e que não perecem quando dão. Acrescenta-se aí, ademais, essa palavra "do pobre", que nesse passo significa o humilde, que se reconhece a si como pobre e que sem a ajuda de Deus nada pode fazer ou sofrer. Assim, Santo Agostinho expõe no livro *Da paciência* (*De patientia,* 15). Ora, e não só os pobres, mas também os ricos podem ter a paciência verdadeira, contanto que não confiem em si mesmos, mas em Deus, a quem devem pedi-la e dele recebê-la como verdadeiros pobres dos dons divinos. Isso também quis dizer o próprio Senhor quando diz no Evangelho: "Na vossa paciência possuireis as almas vossas" (Lc 21,19). Pois só possuirão alma verdadeiramente – isto é, a sua vida para si, que ninguém lhes pode tomar – aqueles que pacientemente tolerarem todas as aflições e mesmo a própria morte do corpo, para não pecarem contra Deus. Pois embora ao morrer pareçam perder a vida, no entanto não a perdem, mas guardam-na eternamente. Pois a morte dos justos não é morte, mas sono, e sono que se pode dizer breve deveras. Já os impacientes, que para não perder a vida do corpo não hesitam em pecar, seja renegando o Cristo, cultuando ídolos, sucumbindo à libido ou perpetrando qual seja o crime, parecem eles com efeito conservar a sua vida por um tempo; mas perdem para sempre a vida do corpo e da alma; e assim com se diz corretamente aos verdadeiros pacientes "o cabelo da vossa cabeça não perecerá" (Lc 21,18), da mesma maneira se deve dizer aos impacientes: parte do teu corpo não permanecerá imune ao incêndio da geena.

Enfim, o mesmo confirma o Apóstolo, quando diz: "A paciência vos é necessária, para que, fazendo a vontade de Deus, passeis adiante a promessa" (Hb 10,36), onde anuncia que a paciência não é útil, mas de todo necessária, para que façamos a vontade de Deus e, fazendo a vontade de Deus, passemos adiante a promessa; isto é, "a coroa da glória, que Deus prometeu aos que o amam" (Tg 1,12) e guardam os seus mandamentos. Pois "se alguém me ama, guardará a minha palavra" (Jo 14,23); e "aquele que não me ama, não guarda as minhas palavras" (Jo 14,24). E assim vemos que toda a Escritura, coerente consigo mesma, prega aos fiéis a necessidade da paciência. Portanto, esta é a razão por que quis o Cristo, ao partir desta vida, dar a todos o testemunho da invisível, de certo modo, e tão acerba e longuíssima paixão sua – isto é, a sede, para que pela proposição de tão grande exemplo acendêssemos à paciência que se há de guardar em toda aflição. Que foi a sede do Cristo a mais violenta pena, nós há pouco o demonstramos na explicação da palavra "Tenho sede"; já que foi longuíssima, pode-se demonstrá-lo sem qualquer dificuldade.

E para começarmos do açoitamento, quando o Cristo era açoitado, estava já cansado da prolongada oração, da agonia e do derramamento de sangue no jardim; depois, das muitas viagens que naquela mesma noite e no dia seguinte fizera, do jardim para a casa de Ana, da casa de Ana à casa de Caifás, da casa de Caifás à casa de Pilatos, da casa de Pilatos à casa de Herodes, da casa de Herodes à casa de Pilatos, viagens essas que contam muitas milhas, e não tinha o Senhor desde a ceia do dia anterior provado de alimento, de bebida ou de sono, mas, na casa de Caifás, muitos e gravíssimos maus-tratos recebera, a todos os quais ajuntou-se o açoitamento duríssimo, que a sede violenta acompanhou; e findo o açoitamento, não teve fim a sede, mas teve aumento. Sucederam a coroação e o escárnio e novos maus-tratos, que também a sede acompanhou; e finda a coroação, não se extinguiu a sede, mas aumentou. Então, agravado pelo patíbulo da cruz, mesmo exausto de tantas viagens e trabalhos, sedento, seguiu ainda para o monte do calvário. Completada essa viagem, foi-lhe oferecido vinho misturado com fel, o qual, como provasse, não quis beber. E assim, a viagem decerto teve seu fim, mas a sede, que por todo caminho excruciara o Senhor, sem dúvida teve aumento. Seguiu-se então a crucificação e, das quatro chagas jorrando o sangue como que de quatro fontes, qualquer um pode imaginar por si mesmo quão violentamente lhe cresceu a sede. Enfim, nas três horas seguintes, da sexta à hora nona, no meio daquelas horríveis trevas, mal se pode crer com que ardor de sede aquele corpo mais sagrado se tenha consumido. E ainda que os servos lhe tenham levado vinagre à sua boca, no entanto, não sendo nem vinho nem água, mas vinagre – isto é, bebida áspera e desagradável – e muito pouca, uma vez que tinha que sorver as gotas da esponja estando já para morrer, é lícito afirmar, no mais alto da verdade, que o nosso Redentor, desde o princípio da paixão até o óbito, com máxima paciência tolerou aquele gravíssimo tormento. Quão grande seja esse tormento, raros entre nós o experimentam, já que a cada passo deparam com água com que se pode matar a sede; mas aqueles que viajam por muitos dias por lugares desertos, eles sim experimentam qual seja o tormento da sede.

Escreve Cúrcio que Alexandre o Grande, certa feita, como viajasse com o seu exército pelo deserto, depois de longa aridez e sede, deparou com certo rio. Conta que com tanta avidez começaram os soldados a beber daquela água, que muitos deles morreram logo de engasgarem, e acrescenta: "E foi muito maior o número deles que morreram dessa maneira do que aqueles que ele perdera na guerra" (*De rebus gestis Alexandri*, 7). E assim, foi aquele ardor da sede tão intolerável, que não puderam aqueles soldados ordenar a si mesmos respirar um pouco enquanto bebiam. Assim morreu a maior parte do exército de Alexandre. Encontram-se ainda aqueles que, devido a grandeza da sede, julgaram suave a água misturada a lama, a óleo, a sangue, e outras coisas mais sujas e horríveis que ninguém beberia salvo à força de necessidade extrema. Por isso devemos dizer quão acerba foi a paixão do Cristo e quão grande nela luziu a virtude da paciência, a qual, por vontade de Deus, se deu a conhecer a nós, para que a imitemos e assim nos compadeçamos do Cristo, de modo que com Ele nos glorifiquemos.

Mas creio ouvir certas almas pias que de bom grado aprenderiam de que maneira pudessem chegar a imitar a sério a paciência do Cristo, e pudessem dizer com o Apóstolo, "Com o Cristo fui pregado à cruz" (Gl 2,19), e com o santo mártir Inácio, "O meu amor foi crucificado" (Epístola aos Romanos). Isso não é tão difícil quanto muitos parecem estimar. Pois não é a todos necessário dormir no chão, ferir a açoite o próprio o corpo até sangrar, jejuar de pão e água todo dia, vestir cotidianamente contra a carne nua pano grosso e correntes de ferro, e fazer outras coisas desse tipo para domar e crucificar a carne com vícios e concupiscências. Pois são essas coisas louváveis e úteis quando feitas por quem pode, e não sem o conselho de um mestre espiritual; mas eu desejo demonstrar aos leitores pios uma maneira de exercer a paciência e de imitar o Cristo paciente que convém a todos e nada tem de insólito nem de novo nem nada que se possa suspeitar ter sido feito para captar a aprovação popular.

Por isso, digo primeiro que cumpre ao amante da paciência ocupar-se daqueles trabalhos e dores que é certo hão de agradar a vontade divina, conforme aquele passo do Apóstolo: "A paciência vos é necessária, para que, fazendo a vontade de Deus, leveis adiante a promessa" (Hb 10,36). Ora, não é difícil aprender ou ensinar que Deus quer que soframos pacientemente. Primeiro, estejamos convencidos de que aquilo que nos ordena a Madre Igreja, embora duro seja e difícil, deve ser executado obediente e pacientemente. Que é que nos ordena a Igreja? Os jejuns da quaresma, dos quatro tempos e das vigílias; esses, se cumpridos como se deve, não se podem realizar sem paciência. Pois se nos dias de jejum alguém quiser andar a cata de banquetes delicados e, numa única ceia ou um num único almoço, ingerir tanto alimento quanto costuma comer no almoço e ceia juntos; e antecipar a hora e depois, ainda de tarde, fazer uma ceiazinha tão copiosa que se pode chamar de ceia, esse decerto não terá fome facilmente nem sede, nem necessidade de paciência. Mas se decidir seriamente não antecipar a hora, a não ser que doença ou outra necessidade o coaja, alimentar-se de comida vulgar e vil, apropriada à penitência, e fazê-lo à medida que não exceda uma única e ordinária refeição; e dar aos pobres o que, não sendo dia de jejum, se deixaria para outra refeição – tal como em São Leão, "A refeição do pobre, a abstinência do jejuante" (*De ieiuno 10 menis*, 10), e em outro passo, "Passemos um pouco de fome os muito amados; e o pouco que se pode dar para ajudar os pobres tiremos nós ao nosso costume" (*De ienuno 7 mensis*, 9)-e, enfim, a ceiazinha na calada da noite, que soem muitos fazer, que seja verdadeira ceiazinha; então sem dúvida será necessária paciência para suportar a fome e a sede. E assim jejuando, a paciência do Cristo, ao menos de alguma maneira, imitaremos, e com o Cristo seremos pregados à cruz, em parte ao menos. Porém não são todas essas coisas necessárias! Assim seja, mas o são para exercer a paciência e para imitar a paixão do Cristo. Ademais, a Madre Igreja ordena aos eclesiásticos e regulares recitar ou cantar as sete horas canônicas, e que todos os fiéis leiam, ao menos orando, a oração dominical e a saudação aos anjos.

Essa leitura e oração sagrada, se se fizer como se pode e deve fazer, sem dúvida carecerá do auxílio da paciência. Mas não faltam aqueles que, para não carecer do favor da paciência, apressuram-se no suportar a todas as dificuldades. Primeiro, como se pesado fardo carregassem, percorrem tudo na maior ligeireza, como se para desvencilhar-se o mais breve possível daquele fardo; em seguida, as horas canônicas, leem-nas não eretos e firmes, mas de joelhos dobrados ou sentados, ou caminhando, como se para diminuir, com o sentar, o tédio da leitura e da oração, ou, com o caminhar, aliviá-lo. Mas falo daqueles que leem as horas em privado, não dos que decantam os Salmos no coro. Ademais, para que não sejam forçados a interromper o sono, não só as horas diurnas eles decantam, como também, enquanto brilha o sol, as noturnas. Da atenção ou da elevação da mente quando se louva a Deus ou quando se ora nada digo, porque a maioria em nada pensa exceto no que canta e lê. E assim, suprimida a dificuldade de consumir longo tempo em leitura ou oração, bem como de levantar-se nas horas canônicas; e abandonado todo o esforço de permanecer de pé ou de dobrar os joelhos, ou de constranger o espírito a que não divague, mas que esteja inteiro nas coisas que lê, não é de admirar se muitos parecem não carecer do socorro da paciência. Mas ouçam esses com que cuidado lia São Francisco as horas canônicas e então entenderão que esse pio ofício não se pode levar a cabo sem o auxílio da paciência. Assim, portanto, diz São Boaventura em *Vida de São Francisco*: "Costumava o santo homem cumprir as horas canônicas com não menos temor a Deus que devoção. Pois, embora sofresse de doença dos olhos e do estômago, do baço e do fígado, não queria apoiar-se em muro ou parede enquanto salmodiava; mas cumpria as horas sempre ereto, sem capuz, sem mover os olhos nem interromper-se. Uma vez posto em seu caminho, então fixava o andar do tempo e não abandonava tal postura reverente e sagrada nem sequer por inundação de chuvas. Ademais, gravemente se julgava ofender, se, entregue à oração, fosse agitado por dentro por vãs aparições. Quando algo assim acontecia, não poupava à confissão de o expiar no mesmo instante. Dizia os Salmos com a mente em tão grande atenção, como se tivesse a Deus presente; e quando neles o nome do Senhor aparecia, ele parecia lamber os lábios, tão doce era a suavidade dele" (*Vita Sancti Francisci*, 10). Com efeito, se alguém quiser tentar ler as horas canônicas dessa maneira, e levantar-se também durante a noite para cumprir as horas noturnas, verificará cabalmente que sem esforço e paciência não pode satisfazer o divino ofício. Muitas outras coisas há que a Madre Igreja, instruída pelas Sagradas Escrituras, prescreve sobre a vontade de Deus, as quais não se podem cumprir sem paciência, quais sejam, dar aos pobres o excedente da riqueza, perdoar os que pecam contra nós, e desculpar-nos a quem temos ofendido; a confissão de todos os pecados ao menos uma vez por ano; a percepção da sacrossanta carestia, que preparação pequena não exige; coisas tais que não se podem cumprir sem paciência; mas quis aqui apresentar essas poucas coisas só à guisa de exemplo.

O segundo – em que se discerne a vontade de Deus e que sem paciência não se pode levar a termo – é tudo o que fazem quer os homens, quer os demônios para nos atormentar. Pois embora os homens maus e os piores demônios nada pensem de bom quando nos afligem, Deus, sem o qual eles nada podem fazer, não permitiria aquele tormento se para nós o não julgasse útil; assim todo aquele tormento há que recebê-lo da mão de Deus e, por isso, há que suportá-lo com paciência e de boa mente. Assim, Jó, homem simples e correto, não ignorava que o golpe que sofrera ao perder, num só dia, todos os bens e todos os filhos e, em seguida, a saúde de todo o corpo, procedia da inveja do diabo, e, no entanto, disse "o Senhor deu, o Senhor tirou: bendito seja o nome do Senhor" (Jó 1,21), porque sabia que, sem a vontade de Deus, não se podia causar aquele dano. Não digo isso como a querer que os homens, atormentados seja por homens, seja por demônios, não pudessem ou não devessem ressarcir os prejuízos, remediar o corpo, defender-se a si mesmo e aos seus bens, mas apenas advirto que não se deve cogitar de vingança contra os homens maus nem retribuir um mal por outro mal, mas que se deve suportar pacientemente o que Deus quis que suportássemos, a fim de que, fazendo a vontade de Deus, levemos adiante a promessa.

Por último, há o fato de que todas as coisas que parecem suceder casual ou fortuitamente, como a demasiada aridez, a demasiada chuva, a pestilência, a penúria e outras que tais, entendemos que não podem ocorrer sem a providência e a vontade de Deus; e por isso não nos queixemos dos elementos ou do próprio Deus, mas reconheçamos o açoite de Deus e os pecados nossos; e, sujeitando-nos a Deus, em verdadeira humildade a tudo suportemos pacientes. Assim, pois, sucederá que Deus, aplacado, deixe depois de si a sua bênção e nos castigue a nós como filhos, com piedade paterna, e não que nos prive, como adúlteros, da herança celeste. Acrescentaria um exemplo tomado a São Gregório, pelo qual se pode entender quão grande seja a mercê da paciência. Na homilia trigésima sexta sobre os evangelhos, narra que certo Estêvão foi tão paciente, que acreditava serem seus melhores amigos aqueles que lhe tivessem rogado alguma moléstia, aos quais agradecia pelos agravos; julgava os maiores lucros os danos a si causados e contava no número dos seus adjutores e benfeitores todos os seus adversários. A esse Estêvão teria o mundo considerado demente e estulto, mas ele próprio não de ouvidos moucos ouvira dizer ao Apóstolo do Cristo: "Se alguém dentre vós parece sábio neste século, que estulto se torne para que seja sábio" (1Cor 3,18). Pois, como diz São Gregório no mesmo passo, estando aquele a morrer, viram aproximar-se dele muitos anjos para levarem sua alma direto ao céu; e o próprio santo doutor não hesitou em contar esse Estêvão, por sua paciência exímia, entre os santos mártires.

CAPÍTULO XI

Do quarto fruto da quinta palavra

Resta ainda um fruto, e deles o mais doce, que se pode colher da palavra "Tenho sede". Pois Santo Agostinho, comentando o Sl 68, ao explicar a palavra "Tenho sede", diz que com ela se quis significar não só o desejo do beber corporal, mas também o desejo, de que ardia o Cristo, da fé e da salvação dos seus inimigos. Mas podemos, por ocasião da sentença de Santo Agostinho, alçar-nos um pouco mais alto e dizer que o Cristo teve sede da glória de Deus e da salvação dos homens; que nós, de nossa parte, devemos ter sede da glória de Deus, da honra do Cristo, da salvação nossa e dos nossos irmãos. E decerto não se pode duvidar que teve o Cristo sede da glória do Pai e da salvação das almas, pois isso é o que proclamam todas as suas obras e todos os seus discursos, todas as suas paixões e todos os seus milagres. Antes devemos cogitar, para que não sejamos ingratos a benfeitor tamanho, de que maneira podemos inflamar-nos que tenhamos verdadeiramente sede da honra de Deus, que "amou de tal maneira o mundo que lhe deu o seu filho unigênito" (Jo 3,16); e que tenhamos, ao mesmo tempo, verdadeira e ardentemente, sede da glória do Cristo, que "nos amou e por nós entregou-se a si mesmo como vítima e oblação a Deus, com odor suave" (Ef 5,2); ademais, que de tal maneira nos compadeçamos de nossos irmãos que tenhamos a mais ardente sede da salvação deles. Maximamente necessário, porém, é termos nós sede de nossa própria salvação de tal maneira e com tanto ânimo que aquela sede nos constranja a pensar, dizer e fazer, consoante nossas forças, tudo o que convém para alcançar a nossa salvação. Pois se nem da honra de Deus tivermos sede, nem da glória do Cristo nem da salvação do próximo, não por isso carecerá Deus da devida honra, ou será privado o Cristo de sua glória, ou não alcançará o próximo a salvação, mas nós mesmos é que verdadeiramente pereceremos para a eternidade se renunciarmos a ter sede da nossa própria salvação. Por isso, enche-me de violento espanto o fato de que sabemos ter o Cristo sentido tão ardentemente sede da nossa salvação e nós mesmos, que cremos por certo ser o Cristo a sabedoria de Deus, não nos movamos para imitar o seu exemplo naquilo que sobre todas as outras coisas nós é necessário. Não menos me admira que nós mesmos tenhamos sede tão ardente dos bens temporais como se sempiternos fossem; e que busquemos com tamanha negligência a salvação verdadeiramente sempiterna, e que dela não só não tenhamos sede como mal ligeiramente a desejemos, como se coisa fosse ligeira e momentânea. Acresce que os bens temporais não são bens puros, mas misturados a muitos males e, no entanto, são inquieta e sofregamente buscados; a salvação eterna tem a si mal nenhum misturado e, no entanto, é de tal maneira desprezada, ligeiramente e de tal maneira buscada como se nada contivesse de sólido. Ilumina, Senhor, os meus olhos de dentro, a fim de que eu encontre, em algum momento, a causa de tão nociva ignorância.

O Amor decerto gera o desejo; já o desejo, quando começar a arder violentamente, sede se chama. Mas quem pode não amar a própria salvação, sobretudo quando eterna e imune a todo mal? E se não pode não ser amada essa coisa tamanha, por que não é veementemente desejada? Por que não se tem dela sede ardente? Por que não é buscada a toda força? A razão, talvez, é que a salvação eterna não nos toca o entendimento e, por isso, não temos dela a experiência que temos da saúde do corpo; assim, desta temos sede, aquela desejamos friamente. Mas se assim é, por que Davi, que era homem mortal, tinha sede tão ardente da visão de Deus, visão de que consiste a salvação eterna, que clamasse "Assim como deseja o cervo ir às fontes d'águas, assim deseja minha alma ir a ti, meu Deus. Teve sede a minha alma de ir a Deus, o forte, o vivo. Quando chegarei e aparecerei perante a face de Deus?" (Sl 4,2-3), passo onde o profeta, ainda na terra, tinha sede ardente da visão de Deus, que é a própria salvação eterna? Isso não apenas sucedeu a Davi, mas a muitos varões de insigne santidade, a quem todas as coisas terrenas repugnavam e pareciam insípidas e só era assaz saborosa e dulcíssima parecia a memória ou recordação de Deus. Portanto, a causa de que não tenhamos sede ardente da sempiterna beatitude não é por ela não nos tocar o entendimento, mas por não ser assídua e atentamente meditada à plena fé. E a causa de que não seja meditada como convém que o seja é sermos nós não espirituais, mas animais. Pois "o homem animal não entende as coisas que são do espírito de Deus" (1Cor 2,14). Portanto, se desejas, alma, ter sede da salvação tua e dos demais, e muito desejas também a glória de Deus e a glória do Cristo, ouve a São Tiago quando diz: "Se algum de vós carece de sabedoria, que a peça a Deus, que a todos concede generosamente, sem os repreender" (Tg 1,5). Pois essa sabedoria tão sublime não se acha nas escolas do mundo, mas na audiência apenas do espírito de Deus, que converte o homem animal em espiritual; e não basta pedi-la uma só vez e friamente, mas há que perseverar batendo, clamar com gemido inenarrável, aos ouvidos do Pai. Pois, se não costuma o pai carnal dizer não o filho que chora e lhe pede o pão, "quanto mais", diz o Senhor, "vosso Pai no céu lhes dará aos que lhe pedem o espírito bom" (Lc 11,13).

CAPÍTULO XII

Onde se expõe à letra a sexta palavra: "Está consumado" (Jo 19,30)

A sexta palavra que disse o Cristo na cruz, o mesmo São João a refere como se quase unida à palavra quinta. Mal o Senhor dissera "Tenho sede", e bebera do vinagre que se lhe oferecia, ajuntou São João: "Logo, como aceitasse o vinagre, disse: Está consumado" (Jo 19,30). E de certo, à letra, não é outra coisa o "Está consumado" senão que "Está consumado e acabado o trabalho da paixão". Com efeito, atribuíra o Pai ao Filho dois trabalhos, o primeiro, de pregar o Evangelho, o segundo, de sofrer pelo gênero humano. Do primeiro trabalho disse o Senhor em João: "Consumei o trabalho que me deste para fazer; manifestei o teu nome aos homens" (Jo 17,4). Isto disse o Senhor depois do último discurso e mais longo que fez aos discípulos à ceia. Assim, foi então que consumou o primeiro trabalho que lhe atribuíra o Pai. O segundo trabalho era o de beber do cálice da paixão, de que diz o Senhor: "Podeis beber do cálice de que estou prestes a beber?" (Mt 20,22), e noutro passo, "Pai, se queres, afasta de mim este cálice" (Mt 26,39), e noutro, "O cálice que me deu o Pai, não queres que dele eu beba?" (Jo 18,11). Sobre disso, portanto, diz o senhor já próximo da morte: "Está consumado", pois esvaziei o cálice inteiro, até as fezes; nada mais resta, senão partir-me da vida: "E, inclinando a cabeça, entregou e espírito" (Jo 19,30).

Uma vez, porém, que nem o próprio Senhor nem São João, por exercerem a brevidade, explicaram que era aquilo que foi consumado, fica dada a nós a ocasião de o ajuntar, não sem arrazoado e proveito, a muitos mistérios. Primeiro, portanto, Santo Agostinho, em comentário a este passo atribui aquela expressão – Está consumado – ao cumprimento das profecias que havia sobre o próprio Cristo. Diz o evangelista, "Sabendo, pois, que tudo se tinha consumado para que se consumasse a Escritura, disse: 'Tenho sede", e pouco depois, aceite o vinagre, disse: 'Está consumado'"; isto é, cumpriu-se o que restava a ser cumprido. Do que entendemos que também quis dizer que já se tinham consumado e cumprido aquelas coisas que de sua própria vida e morte tinham sido preditas pelos profetas. Deveras pois tudo tinha sido predito. A conceição: "Eis que uma virgem conceberá" (Is 7,14); a natividade em Belém: "E tu, Belém, terra de Judá etc., de ti sairá o comandante que há de reger o meu povo de Israel" (Mq 5,2); a aparição duma nova estrela: "Surgirá uma estrela de Jacó" (Nm 24,17); a adoração dos reis: "Os reis de Társis e das ilhas oferecerão presentes" (Sl 72,10); a pregação do Evangelho: "O espírito do Senhor sobre mim [...] mandou-me a pregar o Evangelho aos pobres" (Is 61,1); os milagres, "O próprio Deus virá e nos salvará: e abrir-se-ão os olhos dos cegos, e os ouvidos dos surdos se destaparão; e então, saltará como um cervo e soltar-se-á a língua dos mudos" (Is 35,5); a montada na burra e no seu filhote: "Eis que virá a ti o teu rei, justo e salvador, Ele mesmo pobre e montado numa burra e no seu filhote" (Zc 9,9). Enfim, toda a paixão foi descrita em partes por Davi nos Salmos; e por Isaías, Jeremias, Zacarias e outros (Sl 21,68; Is 53; Jr 11; Zc 12). E isto é o que dizia o próprio Senhor ao encaminhar-se à paixão: "Eis que ascendemos a Jerusalém, e há de consumar-se tudo o que foi escrito pelos profetas sobre o filho de Deus" (Lc 19,31). Portanto, das coisas que se deviam consumar, diz agora "Está consumado", a saber, tudo o que era de consumar – isto é, de cumprir –, para que se encontrassem dignos de fé aos profetas.

Também significa "Está consumado", na opinião de São João Crisóstomo, que se tinha consumado na morte do Cristo o poder permitido aos homens e aos demônios; poder de que diz o próprio Cristo aos altos sacerdotes, aos magistrados do templo e aos anciãos: "Esta é a vossa hora e o poder das trevas" (Lc 22,53). Portanto, esta hora e todo este tempo em que, com a permissão de Deus, tiveram poder os ímpios em Cristo, acabaram quando o Senhor disse "Está consumado", pois então teve seu fim a peregrinação do Filho de Deus entre os homens, a qual predissera Baruc, quando diz: "Este é o nosso Deus, e outro não será estimado em comparação dele. Ele encontrou toda via de disciplina e entregou-a ao seu menino Jacó e ao seu escolhido Israel. Depois disso foi visto na terra e conviveu com os homens" (Br 3,36). E junto com a peregrinação teve seu fim a condição da vida mortal, segundo a qual Ele tinha fome, sede, dormia, cansava-se, estava submetido a injúrias e açoites, a chagas e à morte. E assim, quando disse o Cristo na cruz: "Está consumado. E inclinando a cabeça, entregou o espírito", consumou-se o caminho de quem dissera "Saí do Pai e vim ao mundo: de novo deixo o mundo e me vou ao Pai" (Jo 16,28). Consumou-se a peregrinação cheia de trabalhos, da qual se havia dito por Jeremias, "Expectativa de Israel, seu salvador em tempo de tribulação, por que serás na terra como se fora colono e como o viajante que declina de permanecer?" (Jr 14,8). Consumou-se a mortalidade da humanidade dele, e contra Ele consumou-se o poder de todos os seus inimigos. Em terceiro lugar, consumou-se o maior dentre todos os sacrifícios, no qual todos os sacrifícios da antiga lei, tal como figuras e sombras, olhavam para o sacrifício verdadeiro e sólido. Pois assim diz São Leão: "Entregaste tudo a ti, Senhor, porque, rasgado o véu do tempo, os santos dentre os santos afastaram-se dos pontífices indignos, para que se convertesse a figura em verdade, a profecia em manifestação e a Lei no Evangelho" (*De passione Domini*, 8); e pouco depois: "Também agora, em cessando a variedade dos sacrifícios carnais, preenche todas as diferenças entre as vítimas a oblação única do teu corpo e teu sangue". Pois neste sacrifício do Cristo, o sacerdote é o Deus homem; o altar, a cruz; o sacrifício, o cordeiro de Deus; o fogo do holocausto, o amor; o fruto do sacrifício, a redenção do mundo. O sacerdote, digo eu, foi o Deus homem, de quem se pode conceber ninguém maior: "Tu és o sacerdote eternamente segundo a ordem de Melquisedec" (Sl 109,3), e verdadeiramente segundo a ordem de Melquisedec, porque Melquisedec, lê-se nas Escrituras, que não teve pai nem mãe nem genealogia; também o Cristo não teve pai na terra, mãe no céu, foi sem genealogia, pois "Quem contará a sua geração?" (Is 53,8), "uma vez que nasceu antes de Lúcifer" (Sl 109,3) "e sua saída é desde os dias da eternidade" (Mq 55,2). O altar foi a cruz, que quanto mais foi vil antes de que nela subisse o Cristo, tanto mais ilustre e nobre depois tornou-se, e no derradeiro dia aparecerá no céu, mais esplêndida do que o Sol. Pois da cruz entende a Igreja o que se diz no Evangelho: "Então aparecerá no céu o sinal do Filho do homem" (Mt 24,30); assim canta a Igreja: "Este sinal da cruz haverá no céu, quando o Senhor vier para julgar". O que confirma São João Crisóstomo (Homilia 77 a Mt 24), observando ainda que, quando "o Sol escurecer e a lua não der o seu lume", então no céu aparecerá a cruz, mas luzidia que o próprio sol. Demais, o sacrifício foi o cordeiro de Deus, todo inocente e imaculado, de que diz Isaías: "Assim como uma ovelha será conduzido à morte e, como o cordeiro diante de quem tosquia, emudecerá, e não abrirá a sua boca" (Is 53,7); e diz o precursor do Senhor[5]: "Eis o cordeiro

---

5 Ou seja, São João Batista [N.T.].

de Deus, eis aquele que tira o pecado do mundo" (Jo 1,29); e o Apóstolo Pedro: "Não sereis redimidos pelos corruptíveis ouro e prata, mas pelo precioso sangue – tal como de cordeiro imaculado e incontaminado – do Cristo" (1Pd 1,18). Cordeiro que também se menciona no Apocalipse: "O cordeiro morto desde a origem do mundo" (Ap 13,8), porque o preço dele, previsto por Deus, foi útil aos que precederam os tempos do Cristo. O fogo que queima o holocausto e realiza o sacrifício é o amor desmedido que, tal como fornalha ardendo violenta, ardia no coração do Filho de Deus, e que as muitas águas da paixão não puderam apagar. Enfim, o fruto do sacrifício foi a expiação de todos os pecados dos filhos de Adão (Ct 8), ou bem a reconciliação de todo o mundo. Pois assim diz São João na sua epístola primeira: "Ele próprio é a propiciação pelos nossos pecados; mas não só pelos nossos, como também pelos de todo o mundo" (1Jo 2,2). O mesmo querem dizer as palavras de São João Batista: "Eis o cordeiro de Deus, eis aquele que tira o pecado do mundo" (Jo 53,7).

Resta uma só questão relativa a como pôde o mesmo Cristo ser sacerdote e vítima: pois é oficio do sacerdote matar a vítima, já o Cristo não se matou a si mesmo, nem o poderia ter feito por direito, porque teria assim perpetrado um sacrilégio, não oferecido um sacrifício. Mas o Cristo verdadeiramente não se matou a si mesmo e, no entanto, verdadeiramente ofereceu um sacrifício, porque de boa mente e vontade se ofereceu para matar, pela glória de Deus e pela expiação do pecado. Pois jamais teriam podido soldados ou guardas prendê-lo ou apanhá-lo, nem pregos varar-lhe as mãos e pés, nem a morte teria podido chegar a Ele, crucificado o quanto fosse, se Ele mesmo o não quisesse. E assim em toda a verdade diz Isaías, "Foi oferecido porque Ele mesmo o quis" (Is 53,7), e o próprio Senhor, "Eu entrego minha alma, ninguém me tira a minha alma, mas a entrego eu" (Jo 10,17). E diz com toda clareza o Apóstolo: "Cristo nos amou e entregou a si mesmo por nós como oblação e vítima a Deus com odor suave" (Ef 5,2). Portanto, de modo e maneira admiráveis, o que houve de mal, pecado ou crime na paixão do Cristo, tudo isso diz respeito a Judas e aos judeus, a Pilatos e aos soldados; e esses não ofereceram um sacrifício, mas perpetraram um sacrilégio e não mereceram ser chamados sacerdotes, mas sacrílegos; o que na mesma paixão houve de bom, religioso e pio, tudo isso é do Cristo, que, por seu amor mais que abundante, se ofereceu, para aplacar a ira de Deus, reconciliar com Deus o mundo, satisfazer a justiça divina, e para que não perecesse o gênero humano, se ofereceu a si mesmo a Deus como vítima, não em se matando, mas suportando na cruz a morte pacientissimamente. Isso expressou-o São Leão em muito breves termos: "Admitiu em si as mãos ímpias dos loucos que, enquanto se incumbem do próprio crime, fizeram-se servos ao Redentor" (*Sermo de passione Domini*, 10).

Em quarto lugar, na morte do Cristo consumou-se a grande batalha do Cristo com o príncipe deste mundo, batalha de que fala o próprio Senhor em João, quando diz: "Agora é o julgamento do mundo, agora o príncipe deste mundo será atirado fora, e eu, se exaltado for pela terra, atrairei para mim mesmo todas as coisas" (Jo 12,31). De fato, foi esta uma batalha judicial, não militar; foi batalha qual as dos litigantes, não como as batalhas dos soldados. Pois litigava o diabo com o filho de Deus acerca da possessão do mundo; isto é, do gênero humano. Durante longo tempo o diabo andava intrometido na possessão do mundo, porque vencera o primeiro homem e o fizera seu servo junto com toda a sua progênie. E assim mesmo o próprio São Paulo chama os demônios "príncipes e potestades do mundo e regentes destas trevas" (Ef 6,12). E o próprio Cristo, como dissemos pouco antes, chama o diabo de "príncipe deste mundo". E não só o diabo queria ser tido por príncipe do mundo, como Deus também. Daí que o diga o salmista: "Os deuses dos gentios fizeram os demônios, o Senhor fez os céus" (Sl 95,5). Ora, cá e lá o diabo era adorado no que os gentios esculpiam e cultuado com sacrifícios de carneiros e novilhos. Da outra parte, o filho de Deus, como verdadeiro e legítimo herdeiro de todas as coisas, reivindicava para si o principado do mundo. Esta batalha, portanto, consumou-se na cruz, e dada foi a sentença em favor do Nosso Senhor Jesus Cristo, porque o Senhor na cruz satisfez plenamente a justiça divina pela culpa do primeiro homem e de todos os filhos dele. Pois foi devolvida pelo Filho ao Pai obediência maior que tinha sido a desobediência do servo ao Senhor. E humilhou-se o Filho de Deus até a morte em honra do Pai, mais do que se teria alçado o servo em soberba por ofensa ao pai. Assim Deus, reconciliado na graça do filho com o gênero humano, arrancou a este do poder do diabo, "e o transferiu ao reino do seu filho dileto" (Cl 1,12).

Há ainda outra razão que costuma aduzir São Leão, a qual apresentaremos nas palavras dele, diz: "Se o inimigo cruel e soberbo tivesse podido conhecer o desígnio da misericórdia de Deus, teria se esforçado por abrandar com bondade os ânimos dos judeus do que acendê-los com ódios injustos, a fim de não perder o serviço de todos os cativos ao perseguir a liberdade de quem lhe nada devia" (*De passione Domini*, 10). Razão de todo egrégia, pois justo foi que o diabo perdesse o poder sobre todos aqueles que pelo pecado fizera seus servos, uma vez que sobre Cristo, que servo dele não era e a quem jamais induzira a pecar, não hesitou estender as suas mãos e o perseguir até a morte.

Mas se assim é, se a batalha consumou-se, se a vitória ficou em poder do filho, e Ele próprio "quer que se salvem todos os homens" (1Tm 2,4), por que tantos são até hoje em dia servos do diabo nesta vida e são, na outra, arrebatados para os tormentos da geena? Respondo numa palavra: porque eles assim o querem. Pois o Cristo, ao regressar vitorioso da batalha, concedeu dois imensos benefícios ao gênero humano, o primeiro, abrir a porta do paraíso aos justos, porta que desde a queda do primeiro homem até aquele dia estivera fechada; e naquele mesmo dia de sua vitória, disse "Hoje, estarás comigo no paraíso" (Lc 23,43), a um ladrão, que por mérito do sangue do mesmo Cristo, por meio da fé, da esperança e do amor, fora absolvido; razão por que canta exultante a Igreja: "Tu, vencido pelo aguilhão da morte, abriste aos crentes o Reino dos Céus". O segundo, instituir os sacramentos que teriam o poder de redimir os pecados e conferir graça; e enviar pregadores a todas as partes do mundo, que pregariam em alta voz: "Aquele que crer e for batizado, será salvo" (Mc 16,16). E assim, vitorioso na batalha, o Senhor abriu para todos a via para a liberdade da glória do Filho de Deus. Já se muitos não querem ingressar nessa via, não se deve isso a impotência ou negligência do Redentor.

Enfim, em quinto lugar, "Está consumado" pode-se entender – é de todo correto – referir-se à consumação do edifício que é a Igreja. Pois o primeiro a chamar consumação ao acabamento do edifício foi o próprio e mesmo mestre, o nosso Cristo, que diz em Lucas: "Esse homem começou a edificar, e não pode consumar" (Lc 14,30). Ademais, ter-se consumado na paixão do Cristo a Igreja que no seu batismo se tinha começado, ensinam-no os Santos Padres Epifânio, no livro terceiro *Contra as heresias* (*Adversus haereses*, 3.78), e Santo Agostinho, no último livro da *Cidade de Deus* (*De Civi-*

tate Dei, 22.17). Ensinam eles que Eva, edificada da costela do próprio Adão adormecido, foi uma imagem da Igreja, a qual, do flanco do Cristo, como ele começasse a adormecer, foi pela sua morte edificada; e fazem nota que a Escritura sem mistério disse ter sido Eva edificada, não formada. Já que tenha começado a edificar-se a Igreja desde o batismo do Cristo, aprova-o Santo Agostinho lá onde se diz: "Dominará de mar a mar, e do rio aos confins do orbe das terras" (*De Civitate Dei*, 27.8; Sl 71). Pois o reino de Cristo, que é a Igreja, começou no batismo do Cristo, no qual Ele próprio, ao receber o batismo de João, consagrou as águas e instituiu o seu batismo, que é a porta da Igreja, e então anunciou-se pela voz de Deus ouvida dos céus: "Este é o meu filho dileto, em quem eu muito me comprouve: escutai-o" (Mt 3,17). E desde aquele tempo começou o Senhor a pregar e a congregar discípulos, que foram os primeiros que vieram à Igreja. Embora a abertura no flanco do Cristo tenha sido feita depois da morte, e então saíram sangue e água, que significam os dois principais sacramentos da Igreja, o Batismo e a Eucaristia, é no entanto da paixão do Cristo que recebem a sua virtude todos os sacramentos. E terem do flanco do Cristo já morto escorrido sangue e água foi a declaração dos mistérios, não a sua instituição. Com plena correção portanto se diz que a consumação do edifício da Igreja se deu quando o Cristo disse "Está consumado", porque então nada restava, exceto a morte, que logo se seguiu, e o preço da redenção se consumou.

CAPÍTULO XIII

Do primeiro fruto da sexta palavra

Não poucos são os frutos que se podem colher da sexta palavra, se se considerar atentamente a fecundidade dela. Em primeiro lugar, do que dissemos, a saber, que "Está consumado" se deve entender tratar do cumprimento dos vaticínios, deduz Santo Agostinho utilíssima lição. Pois assim como, pelo próprio acontecer daquelas coisas, estamos certos de que foram verdadeiros os eventos que os santos profetas predisseram tanto antes, da mesma maneira devemos estar certos de que acontecerão completamente aquelas coisas que os mesmos profetas predisseram haviam de acontecer, embora não se tenham cumprido ainda. Os profetas, com efeito, não falaram sob a inspiração da vontade humana, mas do Espírito Santo; e uma vez que o Espírito Santo é Deus, e de nenhum modo se pode dar que Deus se engane ou minta, certíssimos estamos de que completamente serão cumpridas as coisas que se anunciaram de acontecer e que ainda não se cumpriram. "Assim como até o dia de hoje", diz Santo Agostinho, "todas as coisas aconteceram, também as que restam acontecerão. Temamos o dia do juízo: lá virá o Senhor; o que veio humilde virá excelso". Isso disse ele. Mas nós temos maiores argumentos do que tiveram os antigos para não hesitarmos na fé das coisas futuras. Pois os que precederam os tempos do Cristo, na ausência duma pouca experiência, abstinham-se de crer em muitas coisas; nós, daquelas que sabemos cumpridas, facilmente podemos crer que se hão de cumprir as que inda restam. Os que nos tempos de Noé ouviam que se passaria um dilúvio universal, mesmo pregando Noé, um profeta do Senhor, não se davam facilmente a crer nem na palavra dele, nem tampouco naquele imenso trabalho com que fabricava cuidadosamente a arca, pois dilúvio tal nunca tinham visto e, por isso, desceu-lhes repentina sobre eles a ira divina. Já nós, que sabemos se ter cumprido o que predisse o Profeta Noé, porque não creremos facilmente num dilúvio de fogo e que por ele se há de destruir tudo aquilo de que ora fazemos tanto caso? E, no entanto, a bem da verdade, poucos há que de tal maneira creiam acontecerão essas coisas a ponto de desviarem o desejo das coisas perecíveis e fixarem os corações lá onde estão os verdadeiros e sempiternos gozos.

Mas isto mesmo foi predito pelo próprio Senhor, para que sejam no futuro indesculpáveis os que, do cumprimento das coisas pretéritas, mal conseguem deduzir que devem crer em haver de cumprir-se as futuras: pois assim diz o Senhor "Como nos dias de Noé, assim será o advento do Filho do homem; pois assim como nos dias antes do dilúvio estavam comendo e bebendo, casando-se e dando em casamento, até aquele dia em que entrou Noé na arca, e não perceberam até que veio o dilúvio e arrebatou a todos; assim será também o advento do Filho do homem. Fazei vigília, portanto, que não sabeis a que hora chegará o Filho do homem" (Mt 24); e disse o Apóstolo Pedro, "Chegará o dia do Senhor como um ladrão, no qual dia os céus mudarão com grande presteza; e os elementos se dissolverão pelo calor, e a terra e as obras que há nela queimarão" (2Pd 3,1). "Mas estas coisas", dizem, "estão longe". Concordo que estejam longe; no entanto se estão longe, decerto não está longe a tua morte, e a hora dela é incerta. E no entanto é certo, conforme juízo também particular, que não está longe o dever prestar-se conta da palavra ociosa. E se se deve fazê-lo quanto à palavra ociosa, que diga da palavra perniciosa? Da blasfêmia que é a tantos familiar? E se se deve prestar conta das palavras, que dizer das coisas? Dos roubos, dos adultérios, das fraudes de compra e de venda; dos assassinatos, dos incêndios; de outros pecados ainda mais graves? E assim as coisas preditas já cumpridas fazem de nós indesculpáveis se não crermos com toda certeza que hão de cumprir-se completamente as que restam a cumprir; e não basta crermos, se a fé não nos mover eficazmente a fazer ou evitar o que a fé ensina a fazer e evitar. Se ao arquiteto que diz que a casa está ameaçada de ruir mesmo os que estão dentro dela lhe respondem que tenha fé e, no entanto, sem sair dela, permitem ser esmagados pela ruína da casa, que diremos dessa fé? O que diz o Apóstolo de casos semelhantes: "Dizem conhecer Deus, mas pelos fatos negam-no" (Tt 1,16). E se ao médico que lhe ordena não beber vinho o doente assente ter-lhe o médico prescrito coisas úteis e entretanto pede vinho, irritando-se se não lho dão, que diremos nós? Decerto, ou que o doente sofre de delírio ou que não tem fé no médico. Oxalá não fossem muitos entre os cristãos os que dizem crer no juízo de Deus e outras coisas que tais, mas que pelos fatos o negam.

CAPÍTULO XIV

Do segundo fruto da sexta palavra

Outro fruto se pode colher da segunda explicação das palavras do Cristo, "Está consumado". Pois dissemos, com São João Crisóstomo, que se consumou na morte do Cristo a via cheia de trabalhos da peregrinação do próprio Cristo. Decerto essa peregrinação não se pode negar que foi áspera sobremodo, mas no entanto aquela aspereza foi pela brevidade, fruto, glória e honra compensada. Durou trinta e três anos, mas que é o trabalho de trinta anos se comparado à quietude da eternidade? Padeceu o senhor na fome e na sede, nas dores muitas, nas ofensas sem número, nos golpes, nas chagas, na própria morte; mas agora sorve uma torrente de prazer; prazer que não lhe faltará eternamente. Enfim, "Humilhou-se, tornado opróbrio dos homens, abjeção da plebe" (Sl 21,7) por breve tempo; "Deus", porém, "o exaltou e lhe deu o nome que está sobre todo nome, para que em nome de Jesus se dobre todo joelho, o dos do céu, dos da terra e dos infernos" (Fl 2,9). Pelo contrário, os judeus pérfidos na mesma hora exultaram na paixão do Cristo; Judas, escravo da avareza, na mesma hora exultou no lucro dumas poucas moedas; Pilatos na mesma hora exultou em que não perdera a amizade de Augusto e recuperara a amizade do Rei Herodes; mas há já quase 600 anos que se excruciam na geena, e a fumaça deles subirá para todo o sempre. Que dessas coisas aprendam todos os servos da cruz, os humildes, os brandos, os pacientes, quão bom e fausto seja levantar a sua cruz em vida e seguir o Cristo como guia; e que de modo algum invejem aqueles que nessa idade parecem felizes. Pois a vida do Cristo, e dos santos apóstolos e mártires é comentário o mais verdadeiro das palavras do Mestre de todos os mestres: "Felizes os pobres, felizes os brandos, felizes os que choram, felizes os que sofrem perseguição por injustiça, pois deles é o Reino dos Céus" (Mt 5). E, ao contrário, "Ai de vós ricos, que tendes a vossa consolação; ai de vós que estais fartos, porque passareis fome; ai de vós que ora rides, porque chorareis e gemereis" (Lc 6,24). E embora não só as palavras de Cristo, mas também a sua vida e morte – isto é, não só o texto, mas também o comentário – seja por poucos entendido e compreendido nas escolas deste mundo, se um quiser sair do mundo e entrar no seu coração, meditando seriamente e dizendo a si mesmo "Que eu ouça o que diz contra mim o Senhor Deus" (Sl 84,9); e se quiser ao mesmo tempo, com prece humilde e gemido colombino, bater aos ouvidos do mestre a quem pertence o livro e o comentário, entenderá sem dificuldade toda a verdade, e a verdade o libertará dos erros todos, de modo que não seja mais difícil o que antes parecia impossível.

CAPÍTULO XV

Do terceiro fruto da sexta palavra

Já o fruto mais certo que da sexta palavra podemos colher é aprendermos nós mesmos, como sacerdotes espirituais, a "oferecer a Deus vítimas espirituais" (1Pd 2,5), como diz São Pedro, ou a "apresentar os nossos corpos como vítima, viva, santa e agradável a Deus, nosso racional serviço" (Rm 12,1), como nos ensina o Apóstolo Paulo. Pois se aquelas palavras, "Está consumado", significam que se cumpriu na cruz o sacrifício do Sumo Sacerdote, é justo que os discípulos crucificados, desejosos de imitar o Mestre tal como podem – isto é, na medida de sua fragilidade e pobreza –, ofereçam eles mesmos sacrifício a Deus. E decerto ensina o Apóstolo Pedro que todos os cristãos são sacerdotes, não propriamente ditos, como os que na Igreja Católica recebem dos bispos sua ordenação para oferecer o sacrifício do corpo de Cristo; mas sacerdotes espirituais – isto é, como ele mesmo declara, para oferecer vítimas espirituais; não vítimas propriamente ditas, como no Antigo Testamento as ovelhas, os bois, as rolas e pombas; e, no Novo, o corpo de Cristo na Eucaristia; mas vítimas místicas, que por todos podem ser oferecidas, como orações e loas, bem como boas obras, os jejuns e esmolas, de que diz o Apóstolo Paulo, "Logo, por Ele ofereçamos a Deus sempre vítima de louvor"; isto é, "fruto dos lábios dos que se confessam em seu nome" (Hb 13,15). Com efeito, o mesmo Apóstolo, na Epístola aos Romanos, com exatidão ensina-nos a oferecer a Deus, de nosso próprio corpo, o sacrifício místico, à semelhança dos antigos sacrifícios da antiga lei. Pois quatro eram as leis dos sacrifícios. A primeira é que ao sacrifício estivesse presente uma vítima – isto é, uma coisa consagrada a Deus, de que seria sacrilégio fazer uso profano; a segunda, que fosse a vítima coisa viva, como uma ovelha, cabra ou bezerro; a terceira, que fosse santa – isto é, limpa. Pois entre os hebreus havia os animais limpos e sujos: tidos por limpos eram as ovelhas, os bois e as cabras, as rolas, os pardais e as pombas; sujos eram julgados os restantes, como o cavalo, o leão e a raposa, os gaviões, os corvos e outros. A quarta lei é que a vítima fosse queimada e que exalasse odor suave. E tudo isso enumera o Apóstolo quando diz: "Rogo-vos que apresenteis os vossos corpos como vítima, viva, santa, agradável a Deus". E ajunta "o nosso racional serviço", a fim de que entendamos que ele não nos exorta ao sacrifício propriamente dito, como se quisesse que se imolassem e queimassem, no lugar das ovelhas do sacrifício, os nossos corpos, mas ao sacrifício místico e racional, similitudinário e não próprio, espiritual e não corporal. Exorta-nos, portanto, o Apóstolo a oferecermos, assim como ofereceu na cruz o Cristo, para nossa utilidade, e pela verdadeira e própria morte, o sacrifício do seu corpo, a oferecermos nós em honra dele os nossos corpos como vítima, e viva vítima, e santa, e perfeita, e por isso a Deus assaz agradável, a qual de certo modo espiritual seja imolada e combusta.

Expliquemos por ordem cada uma das condições. Primeiro, devem os nossos corpos ser as vítimas – isto é, as coisas sagradas a Deus –, das quais usamos para honrar a Deus não como coisas que nos pertencem, mas a Deus, a quem fomos consagrados pelo batismo e que nos comprou a alto preço, como diz o mesmo Apóstolo falando aos coríntios (1Cor 6). E não só vítima de Deus devemos ser, mas vítima que vive pela vida da graça e do Espírito Santo. Pois aqueles que morreram pelo pecado não são vítimas de Deus, mas do diabo, que mortifica as almas e nisso de modo admirável se deleita. Mas o nosso Deus, que sempre vive e é a fonte da vida, não quer que a si lhe sejam oferecidos cadáveres fedorentos, que para nada servem senão para atirar as feras. Por isso, é preciso conservarmos com toda a diligência a vida da alma, para que desse modo apresentemos ao nosso Senhor racional serviço. Mas não é o bastante que a vítima seja viva, pois ademais requer-se que seja santa. "Vítima", diz o Apóstolo, "viva, santa". Santa se diz a vítima quando oferecida desde almas limpas e não de sujas. Com efeito, eram os animais limpos, dentre os quadrúpedes, como dissemos acima, as ovelhas, cabras e bois; dentre as aves, as rolas, pardais e pombas. Os primeiros animais significam a vida ativa, os seguintes, a vida contemplativa. Por isso, os que levam entre os fiéis vida ativa, se desejam apresentar-se a Deus como santa vítima, devem imitar a simplicidade e a brandura da ovelha, que não sabe lesar o próximo; igualmente, os trabalhos e a gravidade do boi, que não se dá repouso, não deambula pouco, mas que, carregando o seu jugo, arrastando o arado, trabalha assiduamente em cultivar a terra; enfim também devem imitar a velocidade da cabra ao escalar os montes, a agudeza dos seus olhos no distinguir ao longe. Pois aqueles que levam vida ativa na Igreja não se devem contentar só da brandura e dos trabalhos justos, mas convém-lhes também, por meio de mui frequentes orações, alçar-se às alturas e contemplar com a mente o que há lá em cima. Pois de que modo levarão à glória de Deus as suas obras e exalarão para o alto o odor do sacrifício, se nunca ou só raramente pensam em Deus, se não buscam a Deus, se não ardem pela contemplação no amor de Deus? Pois a vida ativa dos cristãos não deve em absoluto diferir da contemplativa, assim como a contemplativa da ativa, como logo diremos. E assim, os que não imitam ovelhas, bois e cabras, que ao seu Senhor servem assídua e utilmente, mas buscam o que é seu – isto é, tão somente perseguem as suas comodidades temporais –, não oferecem a Deus vítima santa, mas são semelhantes a feras rapaces e carnívoras, a lobos, cães e ursos, milhafres, abutres e corvos, que servem ao seu próprio ventre e seguem aquele leão que sempre "perambula rugindo, buscando a quem devorar" (1Pd 5,8). Já os homens cristãos, os quais escolheram a vida contemplativa e esforçam-se por apresentar-se a Deus como vítima viva e santa, devem imitar a solidão da rola, a pureza da pomba e a prudência do pardal. A solidão da rola diz respeito sobretudo aos monges e ermitões, que se esforçam por nada ter em comum com os seculares e são todos aplicados à contemplação e aos louvores de Deus. A pureza da pomba, associada a sua fecundidade, é necessária aos bispos e clérigos que tratam com os homens e devem gerar filhos espirituais e nutri-los pelo seu ofício; os quais, se não voarem com frequência à pátria lá de cima por meio da contemplação e não descerem por amor às necessidades dos homens, dificilmente poderão unir a pureza à fecundidade, mas ou, dedicados somente à contemplação, serão estéreis, ou, aplicados apenas à procriação dos filhos, sujar-se-ão do pó terreno e, enquanto queiram ganhar os outros, talvez se percam (o que não ocorra!) pois eles mesmos. Ademais, a uns e outros, ora dedicados à vida contemplativa, ora entregues à vida ativa, pode a prudência do pardal ser muito e de todo útil. Pois há os pardais monteses e os pardais domésticos. Os pardais monteses com destreza incrível escapam aos laços e redes dos caçadores; os pardais domésticos habitam na cidade e fazem o seu ninho sobre os tetos das casas, mas vivem com os homens de maneira tal que a nenhum deles se tornam familiares nem facilmente se deixam capturar. Assim, portanto, decerto a todos os cristãos, mas sobretudo aos clérigos e monges, é necessária a prudência do pardal, a fim de que se previnam dos laços dos demônios e vivam com os homens para lhes ser úteis, mas que evitem a companhia deles e sobretudo das mulheres, fujam às conversações, declinem das comezainas, não tomem parte dos jogos e espetáculos, se não quiserem ser apanhados pelo laço dos demônios caçadores.

Resta a última lei dos sacrifícios; a saber, que sejam as vítimas não só vivas e santas, mas também mui agradáveis – isto é, que exalem para o alto odor suave. O que a Escritura significa quando diz: "Sentiu o Senhor odor suave" (Gn 8,21), e, acerca do próprio Senhor: "Deu-se a si mesmo por oblação e vítima a Deus em odor suave" (Ef 5,2). Ora, para que a vítima exale odor muito agradável a Deus é preciso que seja imolada e combusta. Isso se faz no sacrifício místico e racional de que falamos com o Apóstolo, quando a concupiscência da carne é verdadeiramente mortificada e pelo fogo do amor incendiada. Pois nada há que mortifique mais ligeira e perfeitamente a concupiscência da carne do que o sincero amor a Deus. Pois é Ele próprio o Rei e Senhor de todas as afecções do coração e todas elas são por ele regidas e dele dependem, seja o temor, a esperança, o desejo, o ódio, a ira, seja qual for a perturbação da alma. E não cede o próprio amor, a não ser a amor maior; e por isso, quando o amor de Deus se apossa do coração por dentro e o queima, então enfim as concupiscências da carne cedem e aquietam-se mortificadas. Daí os desejos acesos e as preces mais puras ascendem a Deus, à semelhança de amoras, em odor suave. É este, portanto, o sacrifício que requer Deus e que o Apóstolo nos exorta apresentarmos tão prontamente.

Mas, uma vez que essa oblação é cousa árdua e grave e cheíssima de dificuldade, São Paulo usa de argumento deveras eficaz para persuadir-nos dela. O argumento está naquelas palavras "Rogo-vos por misericórdia (*per mise-*

ricordiam) de Deus que apresenteis os vossos corpos etc." (Rm 12). No códice grego lê-se no plural: "Rogo-vos pelas comiserações (*per miserationes*) de Deus... E quais são, e quantas são as comiserações de Deus pelas quais o Apóstolo nos roga? A primeira é a criação, pela qual nos fez alguma coisa, como nada fôssemos. A segunda, quando nos fez seus servos, embora não carecesse de nossas obras, mas para ter a quem beneficiasse. A terceira, quando nos fez à sua imagem e, por isso, capazes da sua cognição e amizade. A quarta, quando nos fez, pelo Cristo, seus filhos adotivos e coerdeiros do filho unigênito. A quinta, quando nos fez membros da esposa e do seu corpo, dos quais é a cabeça. Enfim a sexta, porque ofereceu "a si mesmo" na cruz "como oblação e vítima a Deus em odor suave", para que nos redimisse da servidão, nos lavasse das máculas "e apresentasse a si mesmo à gloriosa Igreja sem ter mácula nem ruga". Estas foram as comiserações do Senhor pelas quais o Apóstolo nos roga, como se dissesse: Tanta coisa o Senhor vos conferiu sem as merecerdes nem pedirdes: Por que deveria vos parecer gravoso oferecerdes a vós mesmos como vítima a Deus, vítima viva, santa e agradável? Decerto, se alguém se puser a pensar atentamente nessas coisas, não só não lhe parecerá gravoso, senão que leve, fácil e jucundo e doce servir a tão bom Senhor de todo o coração por todo o tempo de sua vida; e a Ele, e por exemplo dele, oferecer-se todo como vítima e oblação, e, destarte, como sacrifício, em odor suave.

CAPÍTULO XVI

Do quarto fruto da sexta palavra

Um quarto fruto se pode apanhar à quarta explicação daquelas palavras, "Está consumado". Pois se é verdade – como verdadeiramente é – que o Cristo, por justo juízo de Deus, nos transferiu da servidão ao diabo para o Reino do seu filho dileto, busquemos diligentemente, e não desistamos até encontrarmos, qual seja causa de que tão grande número de homens prefere novamente entregar-se em servidão ao inimigo do gênero humano, para arder com ele eternamente na fornalha da geena, a servir o Cristo, príncipe o mais benigno – antes a reinar com Ele na maior felicidade e certitude. Eu decerto não acho causa alguma, salvo que, no servir ao Cristo, há que começar da cruz, e é preciso crucificar a carne com os vícios e concupiscências. Esta é bebida amarga, e este cálice de absinto dá-lhe náuseas ao homem já por natureza enfermo, e amiúde é a causa de que prefira estar doente a curar-se desse modo. Se o homem não fosse homem, mas fosse fera, ou ao menos homem louco ou mentecapto, seria possível conceder-lhe o ser regido por sentimento e apetite; mas como é partícipe da razão, o homem decerto entende, ou é capaz de entender, que aquele que ordena crucificar a carne com os vícios e concupiscências não somente insta com preceito, mas também ajuda, ou antes socorre, com o auxílio da sua graça, tal como o sábio médico que assim soube temperar a bebida amara por que se não ingerisse com dificuldade. Ademais, se qualquer um dos nossos fosse o primeiro a quem se disse, "Levanta a tua cruz e me segue", pode ser que hesitasse e duvidasse de suas forças, e não tocasse a cruz que cria não ser capaz de carregar. Mas, quando tantos antes de nós, não só varões, mas também meninos e meninas, levantaram depois do Cristo corajosamente a sua cruz e a carregaram assiduamente e crucificaram a sua carne com os vícios e concupiscências, que é que tememos? Por que hesitamos? Derrotado por este argumento, Santo Agostinho venceu a concupiscência da carne que por longo tempo reputara inderrotável (*Confissões*, 8.2). Pois ele dispôs diante do olhos da mente, sacando-os ao prontuário da memória, muitos e muitas abstinentes, muitos e muitas virgens, e a si mesmo dizia: "Por que não serás tu capaz do que foram capazes eles e elas? Eles e elas não foram capazes em si, mas no Senhor seu Deus". E o que dizemos da concupiscência da carne pode-se dizer da concupiscência dos olhos, que é a avareza, e da soberba da vida; pois vício algum há que, com a ajuda de Deus, não se possa crucificar; e não há perigo de que Deus não queira ajudar, já que diz São Leão: "Insta com preceito justamente, porque socorre com auxílio" (*De passione Domini*, 16). Portanto são verdadeiramente desgraçados, para não dizer desvairados e estúpidos, os que, podendo levar o jugo suave e leve do Cristo, encontrar repouso para a alma nesta vida e na futura reinar com o mesmo Cristo, prefiram carregar, a mando do diabo, os cinco jugos dos bois (Lc 14); e servir, não sem trabalho e dor, aos sentimentos da carne; e perpetuamente cruciar-se ao extremo nos infernos com o seu o próprio senhor, o diabo.

CAPÍTULO XVII

Do quinto fruto da sexta palavra

Um quinto fruto se haverá de colher daquelas palavras, porquanto elas significam que a edificação da Igreja se consumou na cruz; e que a própria Igreja, como uma segunda Eva, saiu do flanco do Cristo que morria, tal como saíra da costela de Adão que dormia. Este mistério ademais nos ensina a amar a cruz, honrar a cruz, afeiçoarmo-nos violentamente à cruz. Pois quem não ama o lugar de onde saiu a sua mãe? Decerto todos os fiéis afeiçoam-se de modo admirável à Casa Loredana, porque aí nasceu a Virgem Deípara, e aí também nasceu, ainda que não fora do ventre, mas dentro do ventre, Jesus Cristo, o nosso Deus. Pois assim diz o anjo a José: "O que nasceu nela é do Espírito Santo" (Mt 1,20). É por isso que também a própria Igreja, lembrada do seu nascimento, pinta a cruz em toda parte, põe a cruz em toda parte, na frontada, nos templos, nas casas, e não realiza qualquer sacramento sem a cruz, e, quando abençoa alguma coisa, não o santifica sem a cruz; mas à cruz concedemos amor precípuo quando pacientemente, por amor do crucificado, suportamos as adversidades. Pois gloriar-se na cruz é fazer o que faziam os apóstolos quando "iam regozijando-se perante o conselho, pois consideravam-se dignos ao sofrer agravos em nome de Jesus" (At 5,41). E o Apóstolo Paulo explica o que seja gloriar-se na cruz quando diz: "Gloriamo-nos nas tribulações, sabendo que a tribulação trabalha a paciência, a provação, a esperança, e a esperança não confunde, porque o amor de Deus se espalhou nos nossos corações pelo Espírito Santo, que foi dado a nós" (Rm 5,3). Do que conclui, escrevendo aos gálatas: "Longe de mim gloriar-me senão na cruz do nosso Senhor Jesus Cristo, por quem o mundo me foi crucificado e eu ao mundo" (Gl 6,14). Este é o verdadeiro triunfo da cruz, se, para a alma cristã e que ama o Cristo crucificado, o mundo, com suas pompas e deleitações, estiver como que morto, e a própria alma cristã estiver, para o mesmo mundo, como que morta, amando a tribulação e o desprezo que o mundo odeia, e perseguindo com ódio os prazeres da carne e a glória passageira que o mundo ama: assim perfaz-se e consuma-se o servo de Deus, que dele próprio se possa dizer que "está consumado".

CAPÍTULO XVIII

Do sexto fruto da sexta palavra

Por último resta o fruto que com a maior utilidade se há de colher do exemplo da perseverança do Senhor. Com efeito, daquela palavra, "Está consumado", entendemos que o Senhor consumou a obra da sua paixão do início ao fim, de modo que nada deixa por desejar. "Acabaram-se as obras de Deus" (Dt 32,24), diz Moisés, e assim como o Pai no sexto dia acabou a obra da criação e no sétimo dia descansou, assim também o filho no sexto dia consumou a obra da redenção e no sétimo dia descansou. Em vão bradavam os judeus perante a cruz: "Se é rei de Israel, que desça da cruz e creremos nele" (Mt 27,42). Mais corretamente diz São Bernardo, "Justamente por ser rei de Israel, é que não deve abandonar a inscrição do reino" (*De resurrectione*, 1); e pouco adiante, "Não te dará ocasião de nos surripiar a perseverança, a qual tão somente é coroada. Não fará emudecer as línguas dos pregadores que consolam os pusilânimes e dizem a cada um: Tu não abandones o teu lugar. O que sem dúvida se seguiria se pudessem responder que o Cristo abandonou o seu". Portanto o Cristo perseverou na cruz até o fim da vida, para que consumasse a sua obra de modo que nada faltasse a ela e que a nós deixasse exemplo de perseverança de todo admirável. É fácil, com efeito, perseverar em lugares amenos e em atos que dão prazer; já no trabalho e na dor perseverar por muito tempo é dificílimo. Mas se conhecermos que é que fez o Cristo perseverar na cruz, talvez aprenderemos também nós a suportar com perseverança a nossa cruz; e se mesmo for preciso, a pendermos nela perseverantemente até a morte. Se alguém levar os olhos táo somente à cruz, não será capaz de não sentir horror ao instrumento de funesta morte. Mas se erguer àquele que nos manda carregar a cruz não os olhos do corpo, mas os da mente, e ao lugar onde ela nos conduz, ao fruto que ela mesmo produz, então não será difícil e árduo, mas fácil e deleitoso perseverar na cruz levada às costas, ou pender da cruz perseverantemente.

Que é então que fez o Cristo, com tanta perseverança e sem queixar-se, pender da cruz até morte? A primeira causa foi o amor ao Pai. "O cálice", diz, "que me deu meu Pai, não queres que eu o beba?" (Jo 18,11). Amava o Cristo ao Pai com amor de todo inefável; e era por Ele com igual amor amado. Portanto, ao ver que lhe era dado aquele cálice pelo Pai excelente, e que tanto o amava, que de modo algum pudesse suspeitar que lho daria senão para o melhor fim e para si mesmo o mais glorioso, que é de admirar se com tamanha boa vontade tenha sorvido por inteiro aquele cálice? Depois fez o Pai as núpcias a seu Filho, e lhe deu por esposa a Igreja, mas emporcalhada e enrugada, a qual no entanto, se Ele a quisesse lavar com todo cuidado no banho quente do seu sangue, facilmente teria feito gloriosa, "sem nódoa nem ruga" (Ef 5,27). Amou demais o Cristo à esposa que lhe uniu o Pai; e não lhe foi gravoso lavá-la com seu sangue, a fim de que a fizesse formosa e gloriosa. Pois se Jacó por Raquel trabalhou sete anos pascendo os rebanhos de Labão, a queimar-se do calor e do frio, a fugir-lhe o sono aos olhos, e lhe pareceram esses tanto anos "poucos dias perante a grandeza do amor" (Gn 29,20); se, repito, por uma só Raquel, Jacó não fez caso do trabalho de sete anos e depois de outros sete, que é de admirar se o Filho de Deus, por sua esposa, a Igreja, que havia de ser a mãe de muitos milhares de santos filhos de Deus, que é de admirar se quis perseverar na cruz por três horas? Enfim, Cristo, quando estava para beber o cálice da paixão, considerava não só o amor que tinha ao Pai e à Esposa, mas também a glória eminentíssima e a infinita grandeza da alegria a que havia de ascender pelo patíbulo da cruz; no dizer do Apóstolo, "Humilhou a si mesmo tendo-se tornado obediente até a morte, a morte na cruz. Pelo que Deus o exaltou e lhe deu o nome que está sobre todo nome, para que em nome de Jesus se dobre todo joelho, o dos do céu, dos da terra e dos infernos" (Fl 2,8).

Acrescentemos ao exemplo do Cristo o exemplo dos apóstolos. Paulo, quando na Epístola aos Romanos enumera as cruzes, as suas e as dos demais apóstolos, diz: "Pois quem nos há de separar do amor a Cristo? A tribulação? A angústia? A fome? A nudez? O perigo? A perseguição? A espada? É tal como está escrito: por ti nos mortificamos todo dia e por isso somos estimados como as ovelhas do abatedouro" (Rm 8,35; Sl 43). E responde: "Mas em todas essas coisas remanescemos por Ele que nos amou". Para que aguentassem e perseverassem nos tormentos, não atentaram aos tormentos mas ao amor a Deus, que nos amou e que por nós deu seu Filho; ou ainda, porque consideravam o próprio Cristo, que "nos amou e se deu a si mesmo por nós" (Tt 2,14). O mesmo apóstolo, escrevendo aos coríntios, diz: "Estou repleto de consolação, afluo em gozo em toda nossa tribulação" (2Cor 7,4). Vem de onde tanta consolação, tanto gozo, que permita quase que se não sinta a tribulação? Em outro passo reponde: "Este peso momentâneo e leve da nossa tribulação produz em nós um peso eterno de glória, além da medida em sublimidade" (2Cor 4,17). E assim a contemplação da glória sempiterna que tinha diante dos olhos era a causa de que lhe parecesse a tribulação momentânea e leve. "Estes pensamentos", diz São

Cipriano, "que perseguição pode vencer? Que tormentos podem derrotar?" (*Liber de exhortatione Martyrum*). A eles pode-se ajuntar o exemplo de Santo André, que não viu como cruz a cruz de que pendeu por dois dias, mas a saudou como amiga. E como quisesse o povo cuidar de descê-lo, não o permitiu de modo algum, mas quis perseverar na cruz até a morte. E não era ele homem imprudente, mas muito sábio e cheio do Espírito Santo.

Desses exemplos de Cristo e dos Apóstolos dele os cristãos podem aprender como devem proceder quando não podem descer da sua cruz; isto é, livrar-se da tribulação, sem pecado. Desta sorte são sobretudo todos os regulares cuja vida, constrangida pelos votos de pobreza, castidade e obediência, é considerada semelhante ao martírio. Igualmente os casados: o marido, quando, pela providência divina, tirou à sorte esposa queixosa, morosa e irritadiça, à beira de insuportável; a mulher, quando tem marido não menos difícil, como foi o de Santa Mônica, do que é testemunha Santo Agostinho nos livros das *Confissões* (*Confessiones*, 9.9). Desta sorte são ainda os servos que perderam a liberdade, condenados à prisão perpétua ou atados às trirremes. Enfim, os enfermos que sofrem de doença incurável; os pobres que, salvo por furtos ou latrocínios, não podem aspirar às riquezas. Estes homens e outros que houver, se desejam perseverar em carregar a cruz com gozo espiritual e recompensa imensa, que não considerem a cruz mas aquele que lhes pôs a cruz nos ombros. Pois era Ele sem dúvida Deus, que é nosso Pai amantíssimo e sem cuja providência nada se cria neste mundo. E o beneplácito de Deus é sem dúvida alguma o melhor que há e a nós deve ser o mais grato. Assim, devem todos dizer com o Cristo: "O cálice que me deu o Pai, não queres que dele eu beba?" (Jo 18,11); e com o Apóstolo: "Em todas essas coisas remanescemos por Ele, que nos amou"

(Rm 8,37). Em seguida, os que não estão em condições de depor a sua cruz sem pecado podem ainda, e devem todos, considerar não tanto o trabalho presente quanto a recompensa futura, que sem dúvida alguma supera todo trabalho e dor da vida presente, conforme diz o Apóstolo: "Não são condignas as paixões deste tempo à glória futura que se revelará em nós" (Rm 8,18); e ainda, falando de Moisés: "Estimando por maiores riquezas que o tesouro dos egípcios a reprimenda do Cristo, pois considerava a recompensa" (Hb 11,26).

Enfim, à consolação daqueles que são forçados a carregar cruz pesada e por longo tempo podemos acrescentar os exemplos de dois que deitaram a perder a perseverança e encontraram cruz sem comparação mais pesada. Judas, o traidor do Cristo, como, ao voltar a si, abominasse o crime de traição, não suportando a vergonha que o havia de fazer corar se quisesse com estar os outros apóstolos e discípulos, enforcou-se pendurando-se num laço. Mudou, porém, e não escapou à cruz da vergonha que evitava. Pois maior vergonha o seguirá no dia do juízo, perante todos os anjos e homens, quando não só será declarado traidor do Cristo mas também homicida de si mesmo. E quão grande foi aquela cegueira de evitar uma vergonha modesta junto ao rebanho acanhado e mansueto dos discípulos do Cristo, todos os quais o teriam encorajado a ter boa esperança na misericórdia do Salvador; e de não evitar a infâmia e a vergonha de trair o Cristo e do próprio enforcamento à vista de todos os homens e anjos? Um segundo exemplo se pode tirar ao discurso de São Basílio contra os quarenta mártires (*Oratio in quadraginta martyres*). Assim se resume. Durante a perseguição do Imperador Licínio, quarenta soldados, como decidissem perseverar na fé de Cristo, foram condenados a passar toda a noite nus ao sereno, em tempo e lugar friíssimos, e desse modo a morrer e no mais longo e acerbo martírio. E havia ali preparado um banho quente para que, caso quisessem renegar da fé, fossem nele recebidos. Dentre eles trinta e nove, considerando com os olhos da mente não tanto a pena presente do congelamento, e que breve acabaria, quanto a coroa de glória sempiterna, facilmente perseveraram na fé e mereceram das mãos do Senhor as mais esplêndidas coroas. Um apenas, que se aplicara todo a considerar e pesar a sua pena, não logrou perseverar e, por isso, saltou para o banho morno. Mas, ato contínuo, soltando-se as carnes já congeladas, exalou o espírito, e desceu aos infernos como renegador de Cristo, para perpétuos tormentos. Assim, fugindo à morte encontrou a morte, e trocou cruz breve e leve por sempiterna e pesadíssima. São, portanto, imitadores desses dois homens infelizes quantos abandonaram a cruz da ordem religiosa; os que rejeitam jugo suave e leve fardo e, quando menos esperam, encontram-se atrelados ao jugo muito mais pesado dos desejos vários que jamais poderão realizar e oprimidos pelos fardos dos pecados tão graves, que não podem respirar. O mesmo vale para todos os que se recusam a carregar a sua cruz com Cristo e são forçados a carregar, pecando, a cruz do diabo.

CAPÍTULO XIX

Explica-se à letra a sétima palavra: "Pai, às tuas mãos recomendo o meu espírito"
(Lc 23,46)

Chegamos ao último dizer do Cristo, que proferiu quando na cruz morria não sem grande clamor: "Pai, às tuas mãos recomendo o meu espírito" (*Pater, in manus tuas commendo spiritum meum*). Explicaremos pela ordem cada palavra. Começa dizendo "Pai" (*Pater*). Com razão chama-o "Pai", já que filho lhe foi obediente até a morte, por isso o mais digno de ser ouvido. "Às tuas mãos" (*in manus tuas*). "Mãos de Deus" chamam-se na Escritura a inteligência e a vontade, ou a paciência e o poder, ou, o que vem a dar no mesmo, o intelecto que tudo sabe e a vontade que tudo pode. Pois com esses dois Deus faz a tudo como que por mãos, e não carece de instrumentos, porque, como diz São Leão: "Em Deus, vontade é poder" (*De nativitate*, 2). E assim querer, em Deus, é fazer: "Tudo o que quis fez no céu e na terra" (Sl 113). "Recomendo" (*commendo*), como a dizer "Entrego em depósito, a que seja restituído com fé, quando chegar o tempo da restituição". "O meu espírito" (*spiritum meum*). Desta palavra não é de pouca monta a questão. Pois costuma o espírito ser tomado pela alma, que é a forma substancial do corpo, e pela própria vida, uma vez que o signo da vida é espiração (*spiratio*); e os que espiram vivem; os que deixam de espirar morrem. E decerto se por espírito neste passo entendermos a alma do Cristo, há que ter cuidado de não julgar que houve qualquer perigo para aquela alma ao deixar o corpo;

do mesmo modo que aos demais homens quando morrem se costuma recomendar a alma com muitas preces e muito rogo, uma vez que segue para o tribunal do Juiz, a receber pelos seus méritos bons ou maus seja glória seja pena. De tal recomendação não careceu a alma do Cristo, já porque era santa desde o início da criação, já porque estava unida em pessoa ao Filho de Deus, e podia chamar-se alma de Deus, já enfim porque saía vencedora e triunfante do corpo, e era motivo de terror para todos os demônios, sem que pudessem os demônios aterrá-la. E assim, se o espírito neste passo for tomado pela alma, aquelas palavras do Senhor, "Recomendo o meu espírito" (*Commendo spiritum meum*), significarão que a alma do Cristo, que estivera no corpo como num tabernáculo, estaria nas mãos do Pai como que em depósito, até que regressasse ao corpo, conforme aquele passo da Sabedoria: "As almas deles estão nas mãos de Deus" (Sb 3,1). Mas é perfeitamente crível entender-se neste passo o espírito pela vida corporal, de modo que seria o sentido: Eu agora entrego o espírito da vida, e por isso deixo de espirar e viver, mas este espírito, esta vida, eu a recomendo a ti, Pai, a que ma restituas em breve ao corpo. Pois para ti nada morre sem que também para ti tudo viva, Tu que chamando ao que não é fazes que o seja, e que chamando a quem não vive fazes que viva.

Que é este o verdadeiro sentido deste passo pode-se primeiro colher do Sl 30, no qual o Senhor escuta esta oração. Pois assim ora São Davi: "Tirar-me-ás deste laço que esconderam de mim, pois que és tu o meu protetor. Às tuas mãos recomendo o meu espírito" (Sl 30,5). Neste passo é de todo evidente que o profeta entende por espírito a vida. Pois roga a Deus que não o permita ser morto pelos inimigos, mas que lhe conserve a vida. Em seguida, colhe-se deste mesmo passo do Evangelho: pois tendo assim dito o Senhor, "Pai, às tuas mãos recomendo o meu espírito", ajunta o evangelista, "E assim dizendo, expirou". Pois expirar é deixar de puxar o espírito, o que é próprio dos vivos e se diz não da alma em sua forma substancial, mas do ar, que espiramos enquanto vivemos e deixamos de espirar quando morremos. Por último, pode-se colhê-lo das próprias palavras do Apóstolo: "O qual, oferecendo nos dias de sua carne, com forte clamor e lágrimas, preces e súplicas ao que podia salvá-lo da morte, foi ouvido graças à sua reverência" (Hb 5,7). Alguns referem este passo à oração que o Senhor enunciou no jardim, dizendo: "Pai, se é possível, afasta de mim este cálice" (Mc 14,36). Mas aí não orou o Senhor com forte clamor nem foi ouvido; nem também quis ser ouvido para ser salvo da morte, pois rogou por que se afastasse de si o cálice da paixão, para que demonstrasse o natural desejo de não morrer e que era verdadeiramente homem, cuja natureza tem pavor à morte, mas acrescentou: "Não porque eu quero, mas porque queres Tu: é a tua vontade" (Mc 14,36). E assim, não é possível que a oração no jardim tenha sido aquela de que fala o Apóstolo aos hebreus. Outros querem que esta oração de Cristo mencionada por São Paulo seja aquela que o Senhor enunciou pelos que o crucificaram na cruz, quando disse: "Pai, perdoa-os, pois não sabem o que fazem" (Lc 23,34). Mas naquele tempo o Senhor não usou de forte clamor nem pediu por si para salvar-se da morte: uma e outra coisa se acham expressamente no que diz o Apóstolo aos hebreus. Pois orou na cruz pelos crucificadores, que lhe fosse perdoado aquele tão grave e máximo pecado. Resta, portanto entender as palavras do Apóstolo àquela oração derradeira enunciada por Cristo na cruz, quando disse: "Pai, às tuas mãos recomendo o meu espírito" (Lc 23,46). Oração esta que enunciou com forte clamor, no dizer de São Lucas, "clamando em alta voz Jesus, diz..." no que claramente concordam

Paulo e Lucas. Em seguida rogou o Senhor que fosse salvo da morte, consoante o testemunho de São Paulo. O que não pode significar que não morreria na cruz – pois assim não teria sido ouvido, e o Apóstolo atesta que foi ouvido –, mas significa que Ele pediu que não fosse absorvido pela morte, mas que tão somente a degustasse, e que logo voltasse à vida. Pois isto é o que significam aquelas palavras: ofereceu "preces e súplicas àquele que podia salvá-lo da morte". Pois não podia ignorar o Senhor que morreria de todo, sobretudo quando já estava tão vizinho da morte, mas desejava salvar-se da morte no sentido de que não ficasse retido pela morte por muito tempo, o que não foi outra coisa que rogar pela ressurreição no céu, rogo em que foi claramente ouvido, quando no terceiro dia ressuscitou gloriosamente. Ora, esta explicação do testemunho paulino convence com suficiente clareza a que se tome "espírito" por "vida", não por "alma", quando diz o Senhor: "Às tuas mãos recomendo o meu espírito". Pois não se preocupava o Senhor com a alma, que sabia estar em segurança, já que era santíssima e tinha visto Deus face a face desde a sua criação; mas preocupava-se com o corpo, que via ser destituído de vida pela morte; e por isso rogava que o corpo não permanecesse por muito tempo na morte, o que, como dissemos, obteve o mais plenamente.

CAPÍTULO XX

Do primeiro fruto da sétima palavra

Agora, porém, desta última palavra bem como da morte do Cristo, que veio logo em seguida, colheremos outros frutos à nossa maneira. Primeiro, naquilo que parecia tão cheio de fraqueza e estupidez vejo que se demonstra o poder, a sabedoria e amor de Deus, de longe o maior. Pois em ter o Senhor expirado clamando em alta voz discerne-se perspicuamente o poder. Pois daí se colhe que teria podido não morrer e que morreu por vontade própria. Pois os que morrem naturalmente perdem as forças e voz só gradualmente e não são capazes de clamar no seu último suspiro. Assim, não é sem razão que o centurião, ao ver que Jesus, depois de derramar tanto sangue, morria clamando, disse: "Em verdade, Ele era o filho de Deus" (Mc 27,54). Grande é o Senhor Cristo, que mesmo morrendo mostrou o seu poder, não só com clamar no seu último suspiro, mas também com fazer tremer a terra, quebrar pedras, abrir os monumentos, rasgar o véu do templo. Todas essas coisas os evangelhos testemunham tê-las feito Cristo ao morrer (Mt 26). Acresce que todas elas não carecem de mistério, no qual também se mostra a sabedoria do Cristo. Pois o tremular da terra e o rompimento das pedras significavam que pela paixão e morte do Cristo haviam os homens de mover-se à penitência e os corações, mesmo aos obstinados, haviam de ser rompidos. Ter isso acontecido àquele mesmo tempo é o que escreve São Lucas quando narra que muitos retornaram daquele espetáculo "golpeando o peito" (Lc 23,48). A abertura dos sepulcros designava a ressurreição gloriosa dos mortos que sucederia à morte do Cristo. O rasgamento do véu, do que se deu à vista o Santo dos Santos, foi sinal de que, pelo mérito da morte do Cristo, se havia de abrir o santuário celeste e todos os santos seriam então admitidos a viver perante a face de Deus. E não só para significar estes mistérios mostrou o Cristo a sua sabedoria, mas também no ter, da morte, produzido a vida. A prefigurar isso é que fez Moisés jorrar água à rocha (Nm 20,10). E o próprio Cristo pela mesma razão comparou a si mesmo a um grão de trigo que, em morrendo, dá muito fruto: decerto, assim como o grão de trigo ao se corromper germina viva espiga, assim o Cristo, em morrendo na cruz, deu à graça, em vida, uma multidão de gentios. E diz com toda clareza São Pedro acerca do Cristo: "O que devora a morte para que nos tornemos herdeiros da vida eterna" (1Pd 3,22), como quisesse dizer: o primeiro homem que devora o doce pomo proibido adjudicou toda a posteridade à morte; o segundo homem que devora o pomo amaríssimo da morte adjudicou à vida eterna todos os que dele renascem. Enfim, revelou morrendo o Cristo a sua sabedoria, porque fez que o patíbulo da cruz, do que nada então se achava de mais feio ou mais horrível, se tornasse a coisa mais honrosa e gloriosa, tal que mesmo reis tenham por honroso trazê-lo na fronte. E não só honroso, mas também doce e amável ele se tornou para os amadores do Cristo. Por isso canta a Igreja: "Doce lenho, doces pregos, doce peso ele aguentou". O mesmo demonstrou Santo André quando, ao mirar a cruz em que seria pregado, disse: "Salve, cruz preciosa, que recebeste tua beleza dos membros do Senhor; por muito tempo desejada, aflitamente buscada, ininterruptamente amada, e preparada já para a alma concupiscente: seguro e alegre eu venho a ti, para que, exultante, tu me recebas a mim, discípulo daquele que pendeu em ti, meu mestre, o Cristo".

Agora que diremos do amor? O parecer do Senhor é: "Ninguém tem amor maior que quem entrega a sua alma pelos seus amigos" (Jo 15,13). Isso fez o Cristo na cruz; pois ninguém poderia, se Ele o não quisesse, espoliar-lhe a vida. "Ninguém", Ele diz, "a tira de mim, mas a entrego eu" (Jo 10,18). Portanto ninguém tem maior amor que ao entregar a sua vida pelos seus amigos, pois nada se pode achar mais amável e precioso que a vida, uma vez que é ela o fundamento de todos os bens. "De que vale ao homem", diz ainda o Senhor, "que todo o mundo lucre, quando ele sofre dano à sua alma" (Mt 16,26); isto é, à sua vida. Por isso, a tudo resistem os homens consoante as forças, e além delas tentam resistir àqueles que lhes tentam tirar a vida. Disso lemos no Livro de Jó: "Pele por pele dará o homem e tudo o que tem por sua alma" (Jó 2,4); isto é, por sua vida. Mas isso são generalidades: vamos ao que é específico. O Cristo, em morrendo na cruz, demonstrou de muitas maneiras e inefavelmente o seu amor pelo gênero humano e por cada um de nós. Pois primeiro a vida dele era a mais preciosa de todas as vidas, pois que era a vida do homem-Deus, a vida do Rei dentre todos o mais poderoso, a vida do mais sábio dentre todos os doutores, a vida do melhor dentre todos os probos. Ademais, Ele entregou a vida pelos inimigos, pelos criminosos, pelos ingratos. Além disso, entregou a vida a fim de que, pelo preço do seu sangue, libertasse a esses inimigos, criminosos e ingratos do fogo da geena, ao que já estavam destinados. Enfim, Ele entregou a vida para que os fizesse, a esses mesmos, seus irmãos e coerdeiros, e os colocasse perpetuamente felicíssimos no Reino dos Céus. E haverá ainda alguém tão duro e embrutecido que de todo coração não ame a Jesus Cristo? E que não suporte em sua graça algumas asperezas? Afaste Deus coração tão pétreo e férreo, não só dos nossos irmãos, como de todos os homens, mesmo os infiéis e ateus.

CAPÍTULO XXI

Do segundo fruto da sétima palavra

Outro fruto haverá, deveras útil decerto, se aprendermos a repetir a oração que nos ensinou o Senhor quando disse a caminho do Pai: "Às tuas mãos recomendo o meu espírito". Mas como não estava Ele premido da necessidade de que somos nós premidos, e era ademais o próprio Filho e santo, nós, servos e pecadores, a Madre Igreja e mestre nossa nos ensina a repetir a mesma oração, mas por inteiro, tal como consta do Salmo de Davi, e não pela metade, como o Cristo a proferiu. No Salmo assim se lê: "Às tuas mãos recomendo o meu espírito: redimiste-me, ó Senhor, Deus da verdade" (Sl 30,6). Omitiu o Cristo a segunda parte, por ser Ele mesmo o redentor e não o redimido; já nós, que pelo sangue dele precioso fomos redimidos, não devemos omitir essa parte. Além disso, rogou o Cristo ao Pai como seu filho unigênito; rogamos nós ao Cristo como redentor. Por isso, não dizemos: "Pai, às tuas mãos recomendo o meu espírito", mas "Às tuas mãos, Senhor, recomendo o meu espírito: redimiste-me, ó Senhor, Deus da verdade". Deste modo, Santo Estêvão Protomártir disse ao morrer: "Ó Senhor Jesus, recebe meu espírito" (At 7,58).

Ademais, nossa mãe, a Igreja, manda-nos em três momentos repetirmos essa oração. Primeiro, todos os dias nas Completas, como sabem os que leem as horas canônicas. Segundo, quando chegamos à sacrossanta Eucaristia: depois de "Ó Senhor, não sou digno", diz o sacerdote, primeiro por si, depois pelos demais que haverão de comungar, "Às tuas mãos recomendo o meu espírito". Por fim, ao deixar esta vida, aconselha-se a todos os fiéis que digam "Às tuas mãos, Senhor, recomendo etc." No que diz respeito às Completas, não há dúvida de que então se diz "Às tuas mãos, Senhor etc.", porque se costuma ler as Completas ao fim do dia, e como diz São Basílio, "No que se vai alastrando a escuridão primeira, e uma vez que nas horas da noite pode facilmente acontecer que nos oprima a morte inopinada, recomendamos a nossa alma ao Senhor, para que, caso nos advenha súbita, não nos apanhe a morte inesperada" (*In regulis fusius explicatis quaestiones*, 37). Quanto ao momento de receber a sacrossanta Eucaristia, a razão de que se deve então dizer "Às tuas mãos, Senhor etc." é evidente, uma vez que aquele ato é assaz perigoso e ao mesmo tempo mui necessário, de modo que sem perigo não se poderia repeti-lo nem interrompê-lo. "Pois quem" recebe o Corpo do Senhor "indignamente, come a sua própria condenação" (1Cor 11,27) – isto é, recebe para si a sua condenação; quem não recebe o Corpo do Senhor, não recebe o pão da vida nem a própria vida. E assim por toda parte somos cercados de angústias, as quais experimentam os que têm muita fome e, no entanto, não têm certeza se o que se serve de comer é alimento ou veneno. Portanto, é com razão que dizemos com tremor e medo, "Senhor, não sou digno de entrares na minha casa", a não ser que Tu, pela tua piedade, me tenhas feito digno. Por isso, "diz apenas uma palavra e minha alma será curada". Mas, como não estou certo de que te dignaste a curar as minhas chagas, "Às tuas mãos recomendo o meu espírito", para que nesta terrível dificuldade à minha alma Tu prestes auxílio, a qual redimiste com o teu precioso sangue.

Se meditassem nessas coisas, muitos não se ofereceriam tão avidamente para receber o sacerdócio, para depois, na celebração diária, buscarem alimento. Pois não costumam esses preocupar-se em demasia se chegam com a preparação que convém, já que o seu fim seja mais o alimento do corpo que o da alma. Muitos ainda, que servem nos paços dos prelados ou nas cortes dos príncipes, embora não apropriadamente preparados, vêm participar àquela mesa tremenda, levados pelo temor humano de que desagradassem ao seu príncipe ou prelado caso não aparecessem entre os comungantes no tempo determinado. Que fazer então? Seria talvez mais útil participar àquela mesa só mui raramente? Na verdade mais útil é participar-lhe frequentemente, mas com a preparação devida. Mais raramente um participa, menos apto se torna a tomar parte à mesa celeste, como sabiamente adverte São Cirilo (*In Ioannem*, 4.17).

Resta o tempo quando a morte se avizinha, no qual é preciso repetir essa oração com grande ardor da mente e dizer: "Às tuas mãos, Senhor, recomendo o meu espírito: redimiste-me, ó Senhor, Deus da verdade". Pois aquele é o tempo em que se trata verdadeiramente da mais importante entre todas as coisas. Pois se a alma então, ao sair do corpo, vier às mãos do diabo, nenhuma via resta à salvação. E, do contrário, se se dirigir às mãos do Pai, não há que temer poder algum dos inimigos. E assim, com inenarrável gemido, contrição verdadeira e perfeita, confiança muita na infinita misericórdia de Deus, há que repetir novamente e de novo: "Às tuas mãos, Senhor, recomendo o meu espírito". E uma vez que naquele átimo de tempo não sofrem os que viveram a vida negligentemente nenhuma tentação mais grave do que a da desesperança, como se então já tivesse passado o tempo da penitência, há que opor o escudo da fé, tal como está escrito: "Todo o dia em que o pecador gemer, não recordarei dos seus pecados" (Ez 33,12); e há que apanhar o elmo da esperança, que confia na infinita misericórdia de Deus, e repetir por diversas vezes: "Às tuas mãos, Senhor, recomendo o meu espírito". E que não se omita aquela razão que deve ser o fundamento da nossa fé: "redimiste-me, ó Senhor, Deus da verdade". "Pois quem lhe restituirá sangue inocente? Quem lhe restituirá o preço que pagou por nós?" Assim diz Santo Agostinho no livro nono das *Confissões*, no que ensina a todos nós a confiarmos muito plenamente na redenção que há em Jesus Cristo, que não poderá ser anulada, a não ser que nós mesmos lhe oponhamos o óbice da impenitência e da desesperança.

CAPÍTULO XXII

Do terceiro fruto da sétima palavra

O terceiro fruto está em aprender que, quando a morte se aproxima, não há que confiar muito nas esmolas, nos jejuns e orações dos parentes ou amigos. Pois muitos são os que, ao levar a vida, se esquecem da sua alma e não pensam e fazem outra coisa senão deixar o mais rico possível filhos ou netos. Só quando têm que morrer é que começam a pensar na própria alma; e como já têm divididas entre os filhos ou netos as suas posses, a eles recomendam a sua alma, para que a ajudem com esmolas, preces, sacrossanto sacrifício e demais boas obras. Não foi isto o que pelo seu exemplo ensinou o Cristo, que recomendou o espírito não aos parentes, mas ao Pai; e não foi isto o que lhe aconselhou São Pedro, que suas almas fiéis eles recomendassem aos filhos ou netos, mas sim que a "recomendem ao fiel criador com boas ações" (1Pd 4,19).

Não repreendo os que pela sua alma mandam, pedem ou desejam que se dê esmolas e que se ofereça o sacrifício da sacrossanta Missa; condeno sobretudo os que confiam demasiado nos filhos ou netos, quando a experiência ensina que eles se esquecem dos seus mortos facilmente. Repreendo ainda o fato de que, em questão de tão grande monta, não olhem para si mesmos, não deem as esmolas eles mesmos, com o que granjeariam para si muitos amigos, e pelo que, conforme o Evangelho, "seriam recebidos nos tabernáculos eternos" (Lc 16,9). Ademais, censuro mui pesadamente os que não obedecem ao Príncipe dos Apóstolos, que ordena recomendar as nossas almas ao fiel Criador, e não só com palavras recomendá-las, mas também com boas ações. Pois as boas obras colocadas diante de Deus, são elas que recomendam com eficácia e verdade os cristãos. Ouçamos o que ressoou do céu a São João: "Ouvi uma voz lá do céu dizendo-me, escreve: bem-aventurados os mortos que morrem no Senhor, pois logo já lhes diz o espírito que descansem dos seus trabalhos, pois as suas obras os seguirão" (Ap 14,13). E assim são as boas obras feitas enquanto vivemos – não a ser feitas depois de morrermos pelos filhos ou netos – as que por certo nos seguem. Sobretudo se aquelas obras não forem boas tão só pelo gênero, mas, como expressa sem mistério São Pedro, porque tenham sido bem-feitas: "Com boas ações, ele diz, que recomendem as suas almas ao fiel criador". Pois muitos há que podem contar um sem-número de boas obras que tenham feito – frequentes discursos, missas cotidianas, preces de hora em hora por muitos anos, jejuns de quaresma mantidos por anos a fio, esmolas também não poucas –, mas quando chegarem essas coisas ao exame de Deus e forem esmiuçadas a ver se foram bem-feitas, com reta intenção, com a devida atenção, em seu tempo e lugar, por homem grato a Deus, ai!, quanto do que parecia lucro não será contado em seu prejuízo! Ai, quanto do que, ao juízo dos homens, parecia ouro, prata e pedras preciosas, edificados sobre o fundamento da fé, não se verá que é pau, feno e palha, que o fogo logo consumirá! Esta consideração não pouco me apavora, e quanto mais me aproximo da partida (pois como diz o Apóstolo, "o que se invetera e envelhece logo passa" (Hb 8,13)), tanto mais claramente vejo que me é necessário o conselho de São João Crisóstomo (Homilia 38: *Ad populum Antiochiae*), que nos aconselha a não pensarmos muitos em nossas boas obras, já que elas, se forem verdadeiramente boas – isto é, bem-feitas – serão por Deus escritas nos livros das razões; e não há perigo de que sejam despojadas do favor devido; mas a que assiduamente pensemos em nossas más obras, e esforcemo-nos por diluí-las com coração contrito e compungido espírito, com muitas lágrimas e penitência séria. Pois os que assim o fazem, dirão, em boa esperança, ao partirem: "Às tuas mãos, Senhor, recomendo o meu espírito: redimiste-me, ó Senhor, Deus da verdade".

CAPÍTULO XXIII

Do quarto fruto da sétima palavra

Segue-se o quarto fruto que se pode colher da mais feliz oitiva do que rogou o Senhor, para que, animados todos nós por tão fausto acontecimento, mais ardentes sejamos em recomendar-lhe o nosso espírito. Pois com toda verdade escreveu o Apóstolo que foi ouvido o Senhor Jesus Cristo *graças à sua reverência* (*pro sua reverentia*). Rogara o Senhor ao Pai, como acima demonstramos, pela célere ressurreição do corpo; ouvido foi aquele rogo, de modo que não se adiasse a ressurreição por mais tempo do que o necessário para dar fé que de fato havia morrido o corpo de Cristo. Pois se não se pudesse haver provado que aquele corpo tinha verdadeiramente deixado a vida, a própria ressurreição e toda a fé cristã vacilariam. Por isso, teve o Cristo que jazer no túmulo por no mínimo 40 horas; sobretudo porque se devia cumprir a figura do Profeta Jonas, que o próprio Senhor no Evangelho ensinara ter sido feita para prefigurar a sua (Mt 22). Mas para que se acelerasse a ressurreição do Cristo o quanto possível, e para que se demonstrasse mais claramente ouvido o rogo que rogara o Cristo, os três dias e três noites que esteve Jonas no ventre da baleia quis a providência divina recuassem, na ressurreição do Cristo, a um dia inteiro e a duas partes de dois dias, tempo que não propriamente, mas por figura de entendimento se podia dizer que contém três dias e três noites. E não só ouviu o Pai o rogo que rogara o Cristo, acelerando o tempo da ressurreição, mas também restituindo ao corpo morto vida incomparavelmente melhor que a que antes havia. Com efeito a vida do Cristo antes da morte era mortal, e lhe foi restituída imortal. Pois "o Cristo, ao ressuscitar dos mortos, já não morre; aquela morte mais não dominará" (Rm 6,9), como diz o Apóstolo. A vida de Cristo antes da morte é passível – isto é, sujeita – à fome, à sede, à fadiga, às feridas; foi-lhe restituída impassível e sujeita de todo a nenhum dano. O corpo de Cristo antes da morte era animal; partiu, pela ressurreição, espiritual; isto é, de tal maneira sujeito ao espírito que podia num piscar de olhos se transportar para onde o espírito quisesse.

Ademais, a razão por que de Cristo foi tão facilmente ouvido, ajunta-a o Apóstolo quando diz, *graças à sua reverência*, palavra que em grego, εὐλάβεια, significa o temor reverente, o qual em Cristo perante o Pai foi de todo exímio. Ora, por isso Isaías, ao descrever os dons do Espírito Santo que havia na alma do Cristo, diz acerca dos outros dons: "Descansará sobre ele o espírito da sabedoria e da inteligência; o espírito do bom conselho e da coragem; o espírito do conhecimento e da piedade" (Is 11,2). Acerca do temor reverente diz: "E o preencherá o espírito do temor ao Senhor". Logo, uma vez que a alma do Cristo estava cheíssima do temor reverente pelo Pai, também o Pai naquilo assaz se comprazia, conforme aquele passo de Mateus: "Este é o meu Filho amado, em quem eu muito me agrado" (Mt 17,5). E assim como o Filho reverenciava o Pai com o maior empenho, também o Pai sempre o ouvia quando rogava, e tudo o que pedisse concedia.

Disso também nós devemos aprender, se queremos ser pelo Pai celestial sempre ouvidos, e dele obter tudo o que pedimos, que nos cumpre imitar o Cristo, e seguir o Pai celestial com suma reverência e nada lhe antepor à sua honra. Pois assim acontecerá que também nós obtenhamos tudo o que pedirmos; e sobretudo aquilo em que reside o que de mais importante nos sucede: que, quando a morte se avizinha, nos tenha Deus recomendada a nossa alma, ao que ela vai deixando o corpo, quando o leão ao lado ruge, preparado para a presa. E não pense alguém que a reverência a Deus se há de exibir apenas na genuflexão, na barretada, em acatamentos e honras deste gênero. Não é apenas isto o que significa a palavra εὐλάβεια – isto é, temor reverente; muito mais, porém, significa o grande temor de ofender a Deus, o horror íntimo e perpétuo do pecado; não por temor à pena, mas por amor ao Pai. Verdadeiramente dedicado ao temor reverente está aquele que nem sequer ousa cogitar na culpa, sobretudo a mortal. "O bem-aventurado varão", diz Davi, "que teme o Senhor, quererá demasiado estar sob os seus mandos" (Sl 111,1) – isto é, teme a Deus verdadeiramente –, e por isso pode ser chamado "bem-aventurado" (*beatus*) aquele que muito se esforça por observar todas as ordens de Deus. E por isso aquela santa viúva, Judite, "temia muito o Senhor" (Jt 8,8), como lemos escrito no seu livro, pois, sendo muito jovem, belíssima, e muito rica, morto o seu marido, não desse ou recebesse ocasião de pecar, morava num cubículo secreto trancada com umas moças e, com o cilício nos lombos, jejuava todos os dias, para além das solenidades da casa de Israel. Ai, com quanto zelo na própria lei antiga, que muito maior licença permitia que o Evangelho, precavia-se dos pecados da carne a mulher jovem e rica tão só porque "temia muito o Senhor". Isto mesmo a Escritura Santa relembra a São Jó (Jó 31,1). Pois ele fizera um pacto com os seus olhos de nem sequer pensar numa virgem – isto é, não queria de modo algum deitar os olhos numa virgem – com medo de que, da vista d'olhos, algum pensamento menos honesto se insinuasse. E por que evitava Jó com tanto empenho essas coisas? Porque temia muito o Senhor. E assim ajunta:

"Ora, que parte em mim teria Deus lá em cima?" – isto é, se um pensamento torpe de alguma maneira me sujasse, eu não seria parte de Deus nem Deus parte minha. E se quisesse cá trazer exemplos ao Novo Testamento, não haveria fim. É este, portanto, o temor dos santos, cheios do qual se estivéssemos nada haveria que não pudéssemos obter ao Pai celestial.

CAPÍTULO XXIV

Do último fruto da sétima palavra

Resta o fruto derradeiro que se pode colher de considerar a obediência declarada nas últimas palavras e na própria morte do Cristo. Pois o que diz o Apóstolo, "Humilhou-se a si mesmo tendo-se tornado obediente até a morte, a morte na cruz" (Fl 2,8) cumpriu-se plenamente quando o Senhor, tendo pronunciado aquelas palavras, "Pai, às tuas mãos recomendo o meu espírito", em seguida expirou. Ora, valerá a pena repetir um pouco mais alto as coisas que se pode e deve dizer da obediência do Cristo, a fim de que da árvore da santa cruz colhamos o fruto mais precioso. O Cristo, mestre e Senhor das virtudes, por isso exibiu ao Deus Pai aquela obediência, por que não pudesse crer-se nem forjar-se maior.

Primeiro, a obediência do Cristo ao Pai teve início quando da sua conceição, e sem interrupção durou até a sua morte, de modo que a vida do Nosso Senhor Jesus Cristo foi um único fluxo de continuada obediência. Com efeito, a alma do Cristo, já no primeiro momento da sua criação, fez uso do livre-arbítrio, e, ao mesmo tempo, foi cheia de graça e paciência, e por isso, desde aquele primeiro instante, ainda encerrado no ventre da mãe, ele começou a praticar a obediência. Isso é o que se expressa naquele Salmo, onde se diz da pessoa do Cristo: "No começo do livro está escrito de mim que fizesse a tua vontade. Deus meu, eu quis, e (pus) a tua lei dentro do meu coração" (Sl 39,9). Aquele "no começo do livro" (*in capite libri*) significa tão somente "na suma da Divina Escritura" – isto é, em toda a Escritura sumária –

anuncia-se de mim que para isso fui escolhido e enviado, para "que fizesse a tua vontade". E eu, "Deus meu", eu o "quis" e aceitei de muitíssimo bom grado, e "a tua lei", o teu mandado, a tua ordem, eu pus "dentro do meu coração", para que sempre eu a considerasse e realizasse com o máximo cuidado e prontidão. A isso também dizem respeito aquelas palavras do mesmo Cristo: "Meu alimento é fazer a vontade daquele que me enviou, realizar a sua obra" (Jo 4,34). Pois assim como não se consome o alimento uma só vez ou uma segunda vez por toda a vida, mas cotidianamente é consumido e com vontade, assim o nosso Senhor cotidianamente e com vontade se incumbia da obediência ao Pai; razão por que também dizia: "Desci do céu não para fazer a minha vontade, mas a daquele que me enviou" (Jo 6,38). E mais claramente em outro passo: "Aquele que me enviou está comigo, e não me deixou só, porque aquilo que lhe agrada eu faço sempre" (Jo 8,29). E uma vez que a obediência é o melhor de todos os sacrifícios, consoante a opinião de Samuel (1Rs 15,22), o Cristo, quantas obras fazia enquanto peregrinava na terra, tantos sacrifícios a Deus oferecia, e os mais agradáveis. Esta é, portanto a primeira prerrogativa da obediência do Cristo, o ter durado desde a conceição até o fim da vida.

Além disso, a obediência do Cristo não esteve limitada a um só gênero de obra, como vemos passar-se entre os homens, mas estendia-se plenamente a tudo o que aprouvesse ao Deus Pais ordenar-lhe. Daí que se discirna na vida do Senhor Cristo variedade tal, que ora passava o tempo no deserto sem comer nem beber, e talvez mesmo sem dormir, vivendo com os animais, como observou São Marcos (Mc 1,13); ora, comendo e bebendo na companhia dos homens; ora encerrado em casa, calado, e isso não por poucos anos; ora, preclaro em eloquência e sabedoria, a realizar os maiores milagres; ora, expulsando do templo com grande poder os compradores e vendedores; ora, enfim, escondendo-se e, como que acanhado, afastando-se da multidão. Tudo isso requer ânimo livre de toda vontade própria. E não teria dito o Senhor "Se alguém quiser me seguir, que renegue a si mesmo" (Mt 16,24) – isto é, renuncie à própria vontade e o próprio juízo, se já não o tivesse feito Ele próprio; e, exortando os seus discípulos à perfeição da obediência, não teria ajuntado "Se alguém vem a mim, e não odeia o seu pai, e mãe e mulher e filhos e irmãs, e ainda mesmo a sua própria alma, não pode ser meu discípulo" (Lc 14,16), se antes não tivesse Ele próprio repudiado todas as coisas que soem amar-se ardentemente, e ademais não estivesse preparado para abandonar o quão prontamente também a sua alma – isto é, a sua vida – como se a odiasse verdadeiramente. Esta é a verdadeira raiz e mãe, por assim dizer, da obediência que no Senhor Cristo resplandeceu admiravelmente; e os que carecem da qual jamais hão de obter o prêmio da obediência perfeita. Pois de que modo poderá obedecer prontamente à vontade alheia aquele que adere à própria vontade e juízo próprio? Esta é sem dúvida a razão por que as esferas celestes não oferecem resistência aos movimentos dos anjos, quer se dirijam para o levante, quer para o poente, já que não têm propensão alguma própria, quer a uma parte, quer a outra. E esta é a mesma razão por que também os próprios anjos obedecem às ordens de Deus ao menor sinal, como canta no Salmo São Davi (Sl 102,20), porque não têm qualquer vontade própria que repugne à vontade de Deus, mas, unidos a Deus com felicidade, são com Deus um único espírito.

Além disso, a obediência do Cristo não só se espalha longe e largamente, como ainda, pela paciência e humildade, baixa ao mais baixo tanto quanto sobe ao mais alto pela excelência dos seus méritos. Há, portanto, uma terceira propriedade da obediência de Cristo: descer a inacreditáveis paciência e humildade. Cristo, ainda criança, começou a mostrar obediência ao Pai, ciente e previdente de que habitava tenebroso calabouço. As demais crianças, porque carecem de razão quando no ventre, não se dão conta de quaisquer moléstias. No entanto, Cristo, que gozava do uso da razão, sem dúvida ter-se-ia horrorizado de passar nove meses no calabouço estreito e horrendo do ventre materno, não fossem a obediência ao Pai e o amor pelos homens a fazer com que, por libertar o gênero humano, como canta a Igreja, não tivesse horror ao ventre da Virgem. Em seguida, não pouca paciência e humildade lhe foram necessárias, ao longo de toda a infância, quando já era mais sábio que Salomão, porquanto nele "se achavam todos os tesouros da sabedoria e do saber" (Cl 2,3) de Deus, para acomodar-se aos costumes e à debilidade das crianças. Porém tão admiráveis foram sua moderação e modéstia, bem como sua paciência e humildade que por dezoito anos, dos doze aos trinta, assim ocultou-se na casa do pai como a ser chamado filho de carpinteiro, e Ele mesmo carpinteiro, e ser tido pelo vulgo por ignorante das letras, e mesmo indócil, posto que em sabedoria sobrepujasse todos os homens e anjos. Veio depois a glória imensa, advinda da pregação e dos milagres, mas misturada a pobreza extrema e assíduos trabalhos, como diz Ele mesmo: "As raposas têm as tocas, as aves do céu, os ninhos, mas o Filho do homem não tem onde recostar a cabeça" (Lc 9,58), e, cansado do caminho, sentou-se outrora numa fonte, como percorresse a pé cidades e castelos pregando o Reino de Deus. E, no entanto, fácil lhe teria sido, se a obediência ao Pai o permitisse, ter em abundância a servi-lo, em todas coisas, os homens e os anjos. Que mais dizer das perseguições, das gritarias, dos insultos, cusparadas, bofetadas, dos açoites, enfim do próprio tormento da cruz? Aí de fato deitou a obediência humilde raízes tão profundas, que parecem claramente inimitáveis.

Mas resta ainda algo de mais profundo, a saber, a coisa última entre as terríveis. E a esta profundidade chegou a obediência de Cristo quando, clamando em alta voz, disse: "Pai, às tuas mãos recomendo o meu espírito", e assim dizendo, expirou. Ora, parece que o Filho de Deus quis falar ao Pai deste modo: Eu de ti, Pai, recebi a ordem de entregar a minha alma (Jo 10,18) para recebê-la de volta; já me é chegado o tempo de cumprir esta tua ordem derradeira. E ainda que demasiado amargo seja separarem-se a minha alma e a minha carne, que desde o princípio da união até agora permaneceram juntas com suma paz e amor, ainda que mesmo a morte, introduzida pela inveja do diabo, muito seja inimiga da natureza e verdadeiramente a coisa última entre as terríveis, ainda assim a tua ordem, cravada profundamente no meio e no fundo do meu coração, deve prevalecer sobre todas as coisas. Por isso, estou mais do que preparado para agora devorar a morte e sorver o cálice amaríssimo que Tu me deste. Mas porque foi à tua ordem que eu entregasse a minha alma para recebê-la de volta, por isso "às tuas mãos recomendo o meu espírito", para que também no primeiro momento Tu mo restituas". E então, obtida ao Pai a licença para partir, com a cabeça inclinada em obediência, exalou o espírito. Assim, venceu e triunfou a obediência; e não só recebeu o mais amplo prêmio no próprio Cristo, de sorte que aquele que havia descido abaixo de todos e a todos se submetera em consideração ao Pai celestial, sobre todos ascendia e tinha mando; mas também obteve que todos os homens que lhe imitassem a obediência e a humildade ascendessem eles próprios sobre todos os céus e se estabelecessem sobre todos os bens do seu Senhor e se tornassem partícipes do trono e do Reino eternamente. Enfim, dos espíritos rebeldes, disputa, têm com ninguém assunto próprio que tratar. E a razão dessa sua tamanha quietude é "que se alçou sobre si". Pois transcendeu da ordem dos homens à ordem dos anjos. Muitos são os que se atiram sob si mesmos e descendem à ordem dos animais, a saber, aqueles que saboreiam as coisas terrenas e de nada fazem caso, exceto do que deleita a carne e apascenta os sentidos do corpo, avaros, lascivos, entregues a comezainas e à embriaguez. Outros há que vivem a vida dos homens e permanecem de certo modo em si mesmos, quais os filósofos, que ora sondam os segredos da natureza, ora transmitem preceitos acerca dos costumes. Outros, enfim, alçam-se sobre si mesmos, não sem o dom e auxílio insignes de Deus, e levam vida já não tão humana quanto angélica. São esses os que, abandonadas todas as coisas que possuem no mundo e renegada mesmo a sua vontade própria, podem dizer com o Apóstolo: "Nosso domicílio é no céu" (Fl 3,20), e, emulando a pureza, contemplação e obediência dos anjos, levam vida não tão humana quanto angélica. Pois os anjos jamais se maculam de qualquer sujidade do pecado e sempre contemplam "a face do Pai que está no céu" (Mt 18,10) e, interrompidas ocupações outras, estão todos atentos à execução das ordens do Senhor, conforme diz o Salmo: "Abençoai o Senhor, vós todos, anjos dele, poderosos pela virtude, realizando a sua palavra, para que seja ouvida a palavra dos seus sermões" (Sl 10,20). Esta é a felicidade da vida do Regular, vida que, se imitar a sério na terra a pureza e obediência dos anjos, sem dúvida alguma será partícipe no céu da glória deles, sobretudo se seguir ao Cristo como comandante e mestre, o qual "humilhou-se a si mesmo, tendo-se tornado obediente até a morte, a morte na cruz" (Fl 2,8), e que "embora fosse filho de Deus, aprendeu das coisas que sofreu a obediência" (Hb 5,8) – isto é, aprendeu pela própria experiência que é pela paciência que se prova a obediência – e, por isso, não só ensinou com seu exemplo a obediência, mas ensinou ainda que são a humildade e a paciência os fundamentos e como que as bases mais sólidas da obediência perfeita e verdadeira. Pois aquele que obedece de bom grado ao seu superior quando este lhe ordena obra honrosa e jucunda, não demonstra claramente se o convida a obedecer a virtude da paciência ou alguma outra coisa; mas aquele que obedece prontamente nas situações vis e trabalhosas, onde são necessárias a humildade e a paciência, pode ele estar certo de que aprendeu, como verdadeiro discípulo do Cristo, a obediência perfeita e verdadeira.

De modo particularmente notável explica São Gregório a diferença entre a falsa e a verdadeira obediência. Assim ele diz (*Liber moralium*, 35.10):

> Dado que ora se nos ordena a ventura deste mundo, ora a desventura, saiba-se muito bem que a obediência, se alguma vez tem algo de seu, é nula; se alguma vez não tem algo de seu, é mínima. Pois quando se ordena o sucesso deste mundo, quando se ordena a posição superior, aquele que obedece para percebê-los, esvazia-se da virtude da obediência, se os anela pelo próprio desejo. Pois não se dirige pela obediência aquele que, a fim de obter a ventura desta vida, serve à libido da própria ambição. Por outro lado, quando se lhe ordena o desdém deste mundo, quando se lhe ordena acumular infâmias e injúrias, a não ser que o ânimo as busque por si mesmo, o mérito da obediência se lhe diminui, porque contrariado e sem o querer é que desce àquelas coisas que nesta vida são desdenhadas A detrimento, pois, é levada a obediência quando nem sequer os seus votos de maneira alguma acompanham a mente ao receber as infâmias deste século. Logo deve a obediência, quando na desventura, ter algo de seu, a passo que, na ventura, nada de seu, a fim de que, mesmo na desventura, seja tão mais gloriosa quanto mais se une à ordem divina,

mesmo por desejo, e, na ventura, tanto mais seja verdadeira quanto mais se separa plena e conscientemente da própria glória presente que recebe de Deus. Mas este peso da virtude melhor mostramos se recordamos o feito de dois homens da pátria celestial. Pois Moisés, quando apascentava as ovelhas no deserto (Ex 3,1), falando-lhe o Senhor pelo anjo no fogo, foi chamado a presidir a libertação de toda multidão de Israel. Mas porque permaneceu em si humilde, apavorou-se de lhe ter sido ofertada a glória de tamanha dignidade, dizendo "Suplico-te, Senhor, não sou eloquente; ontem e antes de ontem e desde que começaste a falar ao teu servo, mais tarda e embaraçada se torna a minha língua" (Ex 4,10), e rebaixando-se, rogou-lhe outro, dizendo, "Manda a quem é devido mandar" (Ex 4,13). Eis que fala com a língua do autor, e a fim de que não receba a potestade de tamanha dignidade, justifica-o no ser ineloquente. Paulo também fora advertido por Deus de que devia aceder a Jerusalém, assim como disse aos gálatas (Gl 2,2). E no caminho, como encontrasse o Profeta Ágabo, ouviu quanta desventura ainda havia em Jerusalém. Pois está escrito que o mesmo Ágabo, atirando-lhe a cinta sob os seus pés, disse a Paulo: "O homem a quem pertence esta cinta, assim o prenderão em Jerusalém" (At 21,11). E Paulo de imediato respondeu-lhe: "Estou preparado não só para ser preso, mas para morrer em Jerusalém, pelo nome de Jesus" (At 21,13). Portanto, dirigindo-se a Jerusalém por ordem da revelação, ele conheceu a desventura e, no entanto, busca-a de bom grado; ouve o que há de temer, mas anela-o mais ardentemente. E assim Moisés não tem nada de seu na ventura, porque resiste à ordem de presidir o povo de Israel. Paulo é levado à desventura já por seu próprio voto, porque toma conhecimento dos males iminentes, mas por devoção abrasa-se mesmo para as coisas mais acerbas. Aquele quis declinar à glória do poder presente, ordenado por Deus; este, pondo Deus à sua frente o duro e o áspero, esforçou-se por preparar-se para os maiores agravos. Logo, pela virtude inabalável dos dois chefes que nos precedem, se nos empenhamos verdadeiramente em obter a palma da obediência, somos instruídos a fazer guerra à ventura deste século tão só pelo mando, e à desventura mais ainda pela devoção.

Isso disse São Gregório. Esta doutrina, comprovou-a da mais clara maneira pelo seu exemplo o Mestre de todos, o Senhor Cristo. Pois, quando soube que viriam multidões para o arrastarem e fazerem Rei, "fugiu Ele sozinho para o monte" (Jo 6,15); mas quando soube que viriam os judeus e com Judas os soldados, para o prenderem e o levarem ao suplício, procedeu, conforme a ordem que recebera do Pai, de sua própria vontade em direção a eles e permitiu-se prender e agrilhoar. O Cristo, portanto, o bom mestre, não ostentou pela palavra e pela língua uma obediência qualquer, mas pela obra e pela verdade exibiu ao Pai a obediência fundada na paciência e humildade verdadeiras. Este é o exemplo da mais nobre virtude, que devem sempre observar os que, chamados por Deus, aspiram à palma da abnegação de si e da imitação de Cristo.